Die Freiheit entdecken

Fred von Allmen
in Zusammenarbeit mit Urs Haller

Die Freiheit entdecken

Grundlagen buddhistischer Erkenntnis-Meditation

mit einem Vorwort von
Dagyab Kyabgön Rinpoche

Dritte überarbeitete Auflage

NORBU VERLAG

www.norbu-verlag.de

ISBN: 978-3-944885-33-9

Lektorat: Julia Lubierski

Umschlaggestaltung und Satz: Gerd Pickshaus
Umschlagfoto vorne: © Fred von Allmen

Druck: Steinmeier GmbH & Co.KG, Deiningen

Gedruckt auf alterungsbeständigem, säurefreiem Papier aus chlorfrei gebleichtem Zellstoff

Inhaltsübersicht

Meinen Lehrern
aus Ost und West
und meinen Eltern
in Dankbarkeit

Vorwort

Dagyab Rinpoche

Wir alle wünschen uns Glück und Wohlergehen, aber immer mehr Menschen auf dieser Erde, und besonders in den Ländern des Westens, leiden unter der Empfindung, in einer kranken Welt zu leben. Viele haben erkannt, dass die Ursachen der vielfältigen Probleme im materiellen und geistigen Bereich in einer gestörten Beziehung des Einzelnen zu sich selbst und zu seiner Mitwelt liegen. Millionen von scheinbar isolierten Egos erleben die Welt als unsicher und bedrohlich, vielleicht sogar als feindlich. Aus dieser Wahrnehmung heraus entwickeln sich fast zwangsläufig Tendenzen der Gier, Ausbeutung, Gewalt und Zerstörung. Wenn Prozesse dieser Art weiterhin unvermindert andauern und wir es nicht schaffen, dem Bannkreis unserer irreführenden Konzepte und künstlichen Trennungen zu entrinnen, laufen wir Gefahr, uns selbst und die Erde zu ruinieren. Wir wünschen uns nichts anderes als Zufriedenheit, Sicherheit und Glück – nur wenden wir leider immer wieder hierzu ungeeignete Mittel an.

Es ist also nötig, eine veränderte Haltung zu erzeugen, eine Haltung, die von Verantwortung und aktivem Mitgefühl geprägt ist. Aber wie? Auf der Suche nach hilfreichen Ansätzen, nach Informationen und Methoden haben sich viele Menschen unter anderem den östlichen Lehren zugewendet. Der Beitrag des Buddhismus zu diesem Thema ist im Grunde von umwerfender Einfachheit. Er lautet: Unsere Ego-Verhärtungen sowie Gier, Hass und Stumpfheit mit all ihren verheerenden Konsequenzen können wir ruhig aufgeben, da sie ohnehin auf falscher Einschätzung der Lage und Illusion beruhen. Wir verlieren also dabei nichts. Wir riskieren nichts. Wir werfen nur Ballast ab.

Das klingt so einfach, dass es fast schon wieder misstrauisch macht. Wo liegt der Haken bei der ganzen Sache? Der Haken, falls es einen gibt, besteht darin, dass uns mit diesen Aussagen nicht gedient ist, wenn wir sie einfach nur zur Kenntnis nehmen. Die direkte Erfassung ihres Gehaltes jenseits der künstlichen Unterscheidungen erfordert einen Einsatz an Zeit, Energie, Ausdauer – und vor allem auch den Mut, sich mit sich selbst auseinanderzusetzen. Durch Hören, Nachdenken und intensive Meditation können Verwirklichungen erreicht werden. Um sich auf diese Praxis einzulassen und die entsprechenden Resultate zu erzielen, braucht man jedoch kein ›Buddhist‹ zu sein. Das ausgedehnte Lehr- und Übungssystem des Buddhismus beinhaltet eine breit gefächerte Auswahl von Erklärungen und Techniken, von denen einige durchaus kultur- und religionsneutral präsentiert und allen Interessierten zugänglich gemacht werden können.

Es ist eine Herausforderung von besonderer Bedeutung für die westlichen Buddhisten, ohne missionarischen Eifer, aber gestützt durch den Hintergrund gültiger persönlicher Erfahrungen, diese nützlichen Inhalte für ihre Landsleute in gut verständlicher Form aufzubereiten. Die Aufgabe der asiatischen Lehrer, die zu Beginn für alle Aspekte der Vermittlung zuständig waren, wird ohnehin in den kommenden Jahren und Jahrzehnten neben der eigentlichen Lehrtätigkeit mehr und mehr auch darin bestehen, den westlichen Schülern und Schülerinnen bei der Weitergabe der Informationen beratend, manchmal anfeuernd und ermutigend, manchmal auch warnend und dämpfend, zur Seite zu stehen. Bei der Übergabe der Lehre von einer Kultur zur anderen hängt für die nächsten Generationen außerordentlich viel davon ab, dass die neuen Vermittler den richtigen Mittelweg finden zwischen den Extremen, nämlich einerseits einer allzu großen Bescheidenheit und Zurückhaltung oder dem ängstlichen Kleben an traditionellen, kulturellen Aspekten und andererseits einem zu früh zu stark entwickelten Selbst und Sendungsbewusstsein, verbunden mit einer allzu forschen Experimentierfreudigkeit auf Kosten der Sauberkeit und der Substanz.

Mir scheint, dass es Fred von Allmen sehr gut gelungen ist, mit dem vorliegenden Buch seinen westlichen Lesern buddhistische Inhalte in ansprechender und angemessener Form nahe zubringen, und ich hoffe und glaube zuversichtlich, dass die guten Wünsche all derer, die daran mitgearbeitet haben, sich erfüllen werden.

L. S. Dagyab Kyabgön Rinpoche

L. S. Dagyab Kyabgön Rinpoche ist die neunte Wiedergeburt des geistlichen und weltlichen Oberhaupts der Provinz Dagyab in Osttibet. Nach seiner Flucht aus Tibet erwarb er in Indien den Grad eines Lharampa-Gesche (höchster Gelehrtengrad der tibetischen Klosteruniversitäten). 1966 folgte er einer Einladung der Universität Bonn, wo er als Tibetologe arbeitete. Seit 1985 hatte er zudem die spirituelle Leitung des buddhistischen Zentrums Chödzong in Fürth inne, welches 2005 nach Frankfurt zog und nun dort als ›Tibethaus‹ weiter besteht.

Vipassana-Meditation für den Westen

Lebendige spirituelle Traditionen sind Wegweiser für Pilgerinnen,
Anleitungen für Anwender,
Wecker für unruhig gewordene Schläferinnen und Träumer.
Sie vermögen die Qualität unseres Seins hier und jetzt zu verändern,
und sie wirken weiter: auf unsere Umgebung,
die Gesellschaft, ja unsern Planeten.

Das erste Aufwachen

Immer schon haben Menschen Geheimnis und Sinn des Lebens ergründen wollen, nach Ausbruchsmöglichkeiten aus den Begrenzungen und Verstrickungen des Daseins gesucht und danach getrachtet, Erkenntnis, Erwachen und Freiheit zu verwirklichen.

Religion scheint für viele bis heute ein Mittel zu sein, mit der verwirrenden und manchmal beängstigenden Unberechenbarkeit des Lebens fertigzuwerden. Sie kann uns helfen, unsere Ratlosigkeit gegenüber grundlegenden Existenzproblemen – wie zum Beispiel Leiden oder Tod – zu bewältigen. Echte Möglichkeiten, innere Freiheit und Ganzheit teilweise oder vollständig zu erreichen sind aber nur lebendige Aspekte spiritueller Praxis, die sich in Religionen wie der buddhistischen vorfinden. Genau solche spirituellen Praktiken haben die großen Lehrer, Meisterinnen und Heiligen – Frauen oder Männer – verwirklicht, und zwar auf verschiedenste Weise, gemäß ihrer Persönlichkeit, ihrer Kultur und Zeit. Ihre Lehren, und oft auch ihr Leben, sind Wegweiser für Pilgerinnen, Anleitungen für Anwender, Wecker für unruhig gewordene Schläferinnen und Träumer; sie sind Inspiration, Hoffnung und Aufmunterung, weiterzumachen, sich selber zu befreien und das dabei Erfahrene mit anderen zu teilen.

Jede Zeit und jede Kultur scheint solche Menschen zu kennen und zu brauchen. Manchmal mögen sie als Anführer ganzer Prozessionen von Lichtträgern erscheinen, manchmal wie einzelne Leuchttürme in der Nacht. Wenn eine Kette solcher Menschen abreißt, wenn eine solche Übertragungslinie degeneriert oder den Bedürfnissen der Menschen nicht mehr entspricht, werden die Aufgewecktesten und Mutigsten nach anderen, noch lebendigen Traditionen Ausschau halten; sie machen sich erneut auf die Suche nach Antworten auf die Grundfragen des Daseins.

Es hat den Anschein, als sei im Westen die Kette dieser verwirklichten Menschen abgerissen und die lebendige Tradition größtenteils verlorengegangen. Sie wurde verdrängt durch einseitige Wissenschaftsgläubigkeit, blinden Rationalismus und die fast ausschließliche Ausrichtung allen Interesses auf die materiellen Aspekte des Daseins: Befriedigung unserer sinnlichen Bedürfnisse und Konsum als Religionsersatz. Manche Menschen haben diesen Mangel an echtem Daseinsverständnis gespürt; sie empfinden die Konzentration aller Zuwendung und allen Tuns auf das Produzieren und Konsumieren als zerstörerischen Leerlauf. Deshalb haben sie sich zur Suche nach neuen spirituellen Horizonten aufgemacht. Die Wege führten zu den Meistern und Mystikerinnen des Nahen und des Fernen Ostens, zu den Heiligen Indiens, zu den Schamanen und Heilerinnen Amerikas, zum Teil aber auch zurück zu den Wurzeln der eigenen Traditionen. Es ist eine Suche nach begehbaren Wegen zu sich selber, nach praktischen Mitteln und Methoden der Selbstentfaltung, aber auch nach Anschauungen, die uns eine sinnvolle Position und Funktion im gewaltigen Spiel des Kosmos finden lassen. Es ist eine Suche nach Inspiration und Hoffnung auf eine ›heilere‹ Welt, innen wie außen.

Spirituelle Bewegungen statt Religionen

Die Suche hat seit den siebziger Jahren des letzten Jahrhunderts einiges in Bewegung gebracht. Eine Anzahl neuer, erstaunlich lebendiger und auch dauerhafter spiritueller Bewegungen haben im Westen Fuß gefasst. Es sind zahllose Gruppen, Bewegungen und Zentren verschiedenster Ausrichtungen entstanden. Dabei haben wir uns zu einem nicht unbeträchtlichen Teil auch in Sackgassen verrannt, was bei unserer Richtungs- und Traditionslosigkeit nicht weiter verwunderlich ist; denn wer zu neuen, unbekannten Ufern aufbricht, geht das Risiko ein, sich zu verirren.

So erscheinen manchmal die alten Zwänge und Neurosen in neuer Verpackung: östlich, schamanisch oder esoterisch angehaucht. Zum einen sind es die Formen des spirituellen Materialismus, erkennbar an lautstarken Versprechungen leichter Erfolge und Gewinne: höhere Intelligenz, bessere Gesundheit, erhöhte Leistungsfähigkeit, größeres Einkommen, höchste Ekstasen oder sonstige sinnliche oder übersinnliche Kräfte und andere Formen des Lustgewinns – all das ohne große Anstrengung und Entsagung. Man kann darin unschwer eine neue Form des Konsumverhaltens erblicken.

Zum anderen finden wir strenge Sekten, in denen dogmatischen, oft fundamentalistischen Lehren und Verhaltenszwängen nachgeeifert wird.

Beide Tendenzen, die materialistische wie die fundamentalistische, sind oft geprägt durch autoritäre, zentralistische Hierarchien mit einer einzigen Person im Mittelpunkt. Hinzu kommen häufig ein starker Gruppenzwang und oft auch finanzielle oder sexuelle Ausbeutung, was dann jeweils durch spirituell klingende Erklärungen beschönigt wird. Trotz aller fragwürdigen Aspekte scheinen solche Gruppierungen attraktiv zu sein und eine Funktion zu erfüllen, indem sie ihren Mitgliedern einen inneren oder äußeren Halt bieten.

Dabei sind die bemerkenswerten positiven Beispiele heute in der Überzahl. Unter diesen scheinen sich vor allem solche Lehren und Methoden durchzusetzen, die relativ einfach und praktisch anwendbar sind, sowie Haltungen und Anschauungen, die unseren abendländisch geprägten Sinn für soziale Gerechtigkeit und Nächstenliebe stark ansprechen. Solche Lehren und Methoden können wir in verschiedenen Traditionen finden, die seit den Zeiten des Buddha, während 2500 Jahren, lebendig und wirksam geblieben sind.

Als erstes haben sich verschiedene Formen des Zen im Westen verbreitet, relativ einfache Meditationsmethoden, in Verbindung mit der altruistischen Haltung des Mahayana-Buddhismus. Mancherorts im Westen hat Zen bereits eine so lange Tradition, dass einige westliche Lehrende es wagen konnten, die durch die fernöstliche Kultur bedingten strikten äußeren Formen zu lockern oder der westlichen Mentalität entsprechend zu vereinfachen.

Starken Widerhall findet weiter der tibetische Buddhismus mit seinen zahllosen hochentwickelten und hilfreichen Methoden der befreienden Erkenntnis. Besonders anzuklingen scheint auch hier die Betonung von Liebe und Mitgefühl, welche über das persönliche Heil hinaus das Wohlergehen alles Lebendigen anstreben.

Eine sehr wirkungsvolle Form der Meditationspraxis stammt aus den Ländern Südostasiens. Es handelt sich um die Vipassana-Meditation der buddhistischen Theravada-Tradition; Vipassana heißt ›klar sehen‹, weshalb man auch von Erkenntnis-Meditation spricht. Vipassana ist eine von kulturbedingten Formen weitgehend freie Methode zur Erforschung und Befreiung des Geistes und des menschlichen Seins an sich.

Die Achtsamkeitsbewegung

Es ist aus dieser Meditationstradition, dass die modernen Anwendungen der Achtsamkeit (mindfulness) entwickelt wurden. Sie kann säkular, das heißt frei von Religionszugehörigkeit, praktiziert werden, und seit es der Wissenschaft gelungen ist, die Wirksamkeit der Achtsamkeit nachzuweisen, sind Methoden wie Achtsamkeitsbasierte Stressreduktion (MBSR), Achtsamkeitsbasierte Kognitive Therapie (MBCT) zur Verhütung von Depressionsrückfällen, aber auch Achtsames Selbstmitgefühl (MCS) sowie weitere Anwendungen der Achtsamkeit und der liebevollen Güte (Metta) heute längst im Mainstream der Gesellschaft angekommen. Sie werden vor allem in den Bereichen Gesundheit, Bildung und Arbeit angewendet.

Sogar in der Wirtschaft und selbst in der Armee hat man längst damit begonnen, sich Achtsamkeitsmethoden zunutze zu machen. Dabei ist zu hoffen, dass die in der buddhistischen Praxis so grundlegenden Anliegen wie die ethische und die altruistische Ausrichtung den von Lust oder von Leistungsoptimierung motivierten Tendenzen unserer Zeit nicht zum Opfer fallen.

Die meisten Traditionen buddhistischer Prägung sind aber nicht vorwiegend auf therapeutische Ziele ausgerichtet, sondern streben eine nicht-selbstzentrierte, altruistische Motivation an sowie das vollständige Erwachen zur Befreiung von allen Leiden-schaffenden Täuschungen und Emotionen in Herz und Geist. Dabei haben diese Traditionen bereits sehr deutlich westliche Färbung angenommen und dadurch an Anziehungs- und Wirkungskraft für den abendländischen Menschen gewonnen.

Frauenpower, Demokratie, Psychotherapie und Säkularisierung

Ein wesentlicher solcher Aspekt ist die veränderte Rolle der Frau. Der Buddhismus stammt aus traditionell patriarchalisch geprägten Strukturen. Heute wird er aber im Westen häufig und ernsthaft von Frauen ausgeübt, getragen und sehr oft auch gelehrt. Dabei gewinnen im Zugang zur Praxis gemeinhin als typisch weibliche angesehene Werte und Gefühle größere Bedeutung, und das Schwergewicht der Spiritualität verschiebt sich – weg von der weltabgewandten Entsagung, hin zum Körperempfinden, zur Familie, zur Erde, zur Welt. Eine Entwicklung, die in Zeiten der Umwelt- und Klimakrisen dringend notwendig ist. Ein Thema, zu dem im Gespräch mit Christina Feldman, im zweiten Teil dieses Buches, mehr zu lesen ist.

Eine weitere bemerkenswerte Entwicklung ist der Prozess weg von der autoritären Hierarchie und hin zum demokratisch orientierten Denken und Handeln: das ist ein politischer und sozialer Vorgang, der im Westen – im Unterschied zum Osten – eine lange und bewegte Geschichte hat und die westliche Kultur und Zivilisation nachhaltig prägt. Diese Entwicklung ermöglicht einen unserem Verständnis besser entsprechenden Umgang mit den äußeren und inneren Formen des spirituellen Lebens. Es wäre schade, wenn wir die gefundene Freiheit und unser Demokratieverständnis (und damit auch unser Selbstverständnis) gleich wieder preisgeben würden, indem wir den zentralistischen, hierarchischen und autoritären Tendenzen und Ansprüchen traditioneller Religionen – sei es der buddhistischen oder anderer – widerspruchslos nachgeben.

Auch Psychologie und Psychotherapie können bedeutende Beiträge zu einem dem abendländischen Geist entsprechenden Verständnis der spirituellen Praxis leisten. Viele westliche Menschen haben durch geeignete Therapien wirksame Hilfe für den Zugang zu sich selbst und die Entfaltung ihres spirituellen Potentials erfahren. Auch ist gute Psychotherapie für solche, die größere psychische Schwierigkeiten haben oder die in bestimmten Bereichen tief verletzt oder traumatisiert sind, sinnvoll oder gar notwendig, um eine gesunde Grundlage zum Einstieg in die Meditation als Teil eines spirituellen Weges zu schaffen. Umgekehrt hat in den letzten zwei Jahrzehnten, dank der Verbreitung der buddhistischen Meditation, die Achtsamkeit auf dem Gebiet der Psychotherapie zentrale Bedeutung erlangt. Mehr zu dieser Thematik folgt hinten im Gespräch mit Jack Kornfield.

Buddhistische Praxis in Asien wurde zum größten Teil in Klöstern lebendig erhalten. Nun gibt es auch hier im Westen eine ganze Anzahl von Klöstern, die schon jahrelang bestehen: ein weiteres Anzeichen dafür, dass der Buddhismus bei uns Fuß gefasst hat. In Asien bestand die Aufgabe der Laiengemeinschaft vor allem darin, die klösterlichen Institutionen zu unterstützen. Im Westen zeichnet sich auch hier eine Verschiebung ab. Obwohl wir unser Möglichstes dazu beitragen sollten, dass die klösterlichen Traditionen auch hier zur Blüte kommen, tragen bei uns vorwiegend Laien das Hauptgewicht des spirituellen Lebens. Sie geben sich mit der Rolle der Unterstützenden nicht zufrieden, sondern trachten selbst danach, Praxis und Meditation zu üben und die höchsten spirituellen Werte zu verwirklichen.

Was Meditation kann und was nicht

Heute interessieren sich viele Menschen aus vielerlei Gründen für Meditation. Oft entfachen enttäuschte Hoffnungen über bisherige Erfahrungen oder Werte das Interesse. Einige sind mit ihrem Leben nicht zufrieden, oder sie empfinden die Leidhaftigkeit des Daseins. Immer scheint irgendetwas zu fehlen oder nicht zu stimmen. Die landläufigen Mittel und Wege, die unsere Gesellschaft anbietet, um dem Unbehagen abzuhelfen, werden als bedeutungs- und wirkungslose Behandlung von Symptomen durchschaut.

Die Erwartungen an die Meditation sind entsprechend unterschiedlich. Die Skala verläuft vom Wunsch nach etwas Ruhe und Streßverminderung über die Suche nach psychischem Wohlsein bis zum Streben nach bedingungsloser innerer Freiheit und darüber hinaus sogar nach Freiheit und Glück für alles Lebendige.

Meditation wird gelegentlich immer noch mit Weltflucht gleichgesetzt. Das kann unter Umständen auch zutreffend sein. Wie jede Form der komplexen inneren Veränderung, hat auch sie ihre Sackgassen und Fallen und kann zu völlig egozentrischen Zwecken missbraucht werden. Dies aber hat mit ihrem Wesen und ihrem Sinn nichts gemeinsam. Das Ziel der Meditation und der spirituellen Praxis – im Buddhismus auch ›Dharma‹ oder ›Dhamma‹ genannt – ist ein ganzheitliches: sie will Freiheit von Leiden, von inneren Zwängen und Ängsten schaffen; sie bewirkt vertiefte Sensibilität, Ehrfurcht vor dem Leben und echtes Interesse am Wohlergehen alles Lebendigen. Über eine äußerlich sichtbare und praktizierbare Form und Lehre hinaus handelt es sich um eine Lebenshaltung; sie bedeutet eine realitäts- und alltagsbezogene Transformation. Wir können Meditation und Dharma-Praxis als Übung, Training und Lebensweise erfahren, die sich bis in sämtliche Bereiche unseres Lebens auswirkt.

Retreat: Klausur, Zurückziehung

Wie wenig Träumerei und Flucht und wie sehr die Auseinandersetzung, sowohl mit Schwierigkeiten als auch mit Hochgefühlen, zur Meditation gehören, erfahren die Teilnehmenden eines Meditationsretreats sehr schnell. Wir benützen in der Regel den englischen Ausdruck ›Retreat‹ (französisch: retraite) statt des Wortes ›Kurs‹; denn ›Retreat‹ betont einen zentralen Punkt dieser Übungsform, nämlich den äußeren und inneren Rückzug aus Geschäftigkeit und Routine unseres täglichen Lebens. Das Retreat bietet die Gelegenheit, in die Meditation eingeführt zu werden, sich damit auseinanderzusetzen und darin fortzuschreiten, ihre Auswirkungen auf den Alltag zu stärken und – bei längeren Retreats – das innere Gleichgewicht zu festigen und Erkenntnis weiter zu vertiefen, letztlich bis zum vollständigen Erwachen.

An solchen Retreats nehmen zwischen einem Dutzend und mehreren hundert Teilnehmende teil, und sie dauern in der Regel von einem Wochenende bis zu drei Monaten. In gewissen Traditionen können sie sich sogar über mehrere Jahre erstrecken. Im Westen wurden sie ihren traditionellen asiatischen Beispielen nachgebildet: den großen Zentren für die Vipassana-Meditation in der Theravada-Tradition Südostasiens, den bis zu drei Jahre dauernden Gruppen-Retreats der tibetischen Richtungen und den Sesshins der japanischen und koreanischen Zen-Klöster.

Die Belehrungen sollten niemals jemandem aufgedrängt werden. Ganz im Gegenteil sollte die Lehre nur dann gegeben werden, wenn interessierte Einzelne oder Gruppen darum bitten und die Lehrenden dazu eingeladen werden.

In vielen Retreats gilt erfreulicherweise immer noch der traditionelle buddhistische Grundsatz, dass die Lehre durch keinerlei materiellen Werte aufgewogen werden kann und somit unbezahlbar ist. Außerdem soll sie für jedermann zugänglich und unentgeltlich sein. Deshalb wird – was im Westen besonders ungewohnt wirkt – die Lehre kostenlos weitergegeben. Zum Lebensunterhalt der Lehrerinnen und Lehrer können die Teilnehmenden durch Spenden beitragen. Der Kurspreis besteht lediglich aus den Kosten für Verpflegung und Unterkunft, die Reise- und anderen Spesen der Lehrenden sowie die Organisation des Kurses. Hingabe, Dienen und Großzügigkeit sind wesentliche Aspekte der spirituellen Praxis. Damit wird auch klar, weshalb die übliche westliche Haltung: »ich bezahle – Sie haben die Ware zu liefern« hier fehl am Platz ist. Leider wird das Spendenprinzip zusehends verdrängt von Bedürfnissen mancher Lehrenden nach höherem Einkommen und größerer materieller Sicherheit.

Vipassana-Retreats

Vipassana ist ein Oberbegriff für ganz verschiedene Formen und Techniken der Erkenntnis-Meditation nach buddhistischen Traditionen. ›Vipassana‹ ist ein Wort aus der Pali-Sprache – ›Vipashyana‹ in Sanskrit und ›Lhagthong‹ in Tibetisch – und bedeutet eigentlich ›spezielles Sehen‹, womit Erkenntnis der wahren Natur allen Daseins gemeint ist. Vipassana-Meditation und -Retreats beinhalten ein systematisches Training in der Achtsamkeit von Moment zu Moment sowie im Gewahrsein unserer gegenwärtigen Erfahrung. Mit Interesse, Ausdauer und Liebe wird ein direktes, kontinuierliches Erleben und Erforschen der Körperempfindungen und Gefühle, der Geisteszustände und Emotionen, der inneren Bilder und Gedanken sowie aller Sinneswahrnehmungen geübt. Ohne sich allzusehr um den Inhalt der Moment-Erfahrung zu kümmern, wird auf sehr direkte, intuitive Weise die wahre Natur des eigenen Körpers, Geistes und des ganzen Daseins erforscht. Erkenntnis und Freiheit, inneres Gleichgewicht, Wertschätzung und Liebe sind die Früchte solcher Übung.

Im Retreat beginnt das Üben am frühen Morgen, und es dauert bis zum späten Abend. Der Tag ist ausgefüllt mit Perioden der Sitzmeditation und – im Wechsel – mit solchen der Gehmeditation. Die gemeinsamen Mahlzeiten, die Mitarbeit im Haus und die Ruhepausen werden als gleichwertige Trainingssituationen betrachtet wie die formale Meditation. Die Übung wird entscheidend unterstützt durch das Schweigen, das bis vor Retreatende eingehalten wird. Es wird lediglich unterbrochen durch die Meditationsanleitungen und Vorträge der Lehrerinnen und Lehrer sowie durch Einzel- oder Gruppengespräche.

Um innere Klarheit und Stetigkeit sowie ein harmonisches Zusammenleben der Gruppe zu ermöglichen, müssen bestimmte grundlegende Verhaltensregeln eingehalten werden: nicht töten und verletzen; nicht nehmen, was uns nicht gehört; keine sexuellen Aktivitäten für die Dauer des Retreats; Ehrlichkeit; keine Drogen, kein Alkohol. Mit wachsendem Verständnis werden diese Regeln immer mehr als natürlicher Ausdruck von Sensibilität und Mitgefühl gegenüber sich selber und allen anderen Lebewesen erfahren.

Vier Tatsachen oder Aufgaben

In den Retreats, wie in der Praxis überhaupt, geht es in der Hauptsache um ›vier grundlegende Tatsachen‹ oder auch ›Aufgaben‹, die der Buddha ›die vier edlen Wahrheiten‹ nannte:

- Die Tatsache von Konflikt, Schmerz und Leiden in unserem Dasein, die es zu erkennen und zu konfrontieren gilt.
- Die Ursachen des Leidens: die Verblendung des Geistes und die dadurch bedingte falsche Wahrnehmung der Wirklichkeit sowie das daraus resultierende Fehlverhalten (nicht enden wollendes Verlangen, destruktive Aversionen und Widerstände). Diese Ursachen sind zu beseitigen.
- Die Möglichkeit zu völliger Freiheit vom Leiden sowie tiefster Verbundenheit, die zu verwirklichen ist.
- Die zu diesem Ziel führenden praktischen Mittel und Wege, die angewendet und geübt werden müssen.

Der Buddha betonte, er lehre das eine und nur dieses eine: die vollkommene Befreiung des Herzens.

Retreats – für wen und wozu

Retreats eignen sich für alle körperlich und psychisch einigermaßen gesunden und normal belastbaren Personen. Dagegen ist besonders labilen Menschen mit psychischen Störungen von einer Teilnahme abzuraten. Dies gilt ebenfalls für Personen, die sich aufgrund ihrer Vorgeschichte in psychiatrische Behandlung begeben mussten. Sicher gibt es auch hier Ausnahmen; aber die Idee, Meditations-Retreats seien ein Allheilmittel für alle und alles zu jeder Zeit, ist eindeutig eine romantische, westliche Vorstellung und eher unrealistisch. Vielmehr sollten körperlich Kranke bei Fachleuten der Schul- und der Alternativmedizin und Menschen mit psychischen Störungen bei qualifizierten und erfahrenen Psychotherapeuten, in ernsteren Fällen beim Psychiater, Hilfe suchen.

Retreats können nicht Befreiung von Krankheit versprechen (obschon gerade bei psychosomatisch bedingten Krankheitserscheinungen erstaunliche Heilungen stattfinden können). Meditation ist kein Sofort-Heilmittel, sondern sie verlangt Geduld und Ausdauer. Sie ist auch keine Methode zur Selbstkontrolle und Manipulation, sondern ein Weg zu Erkenntnis und Offenheit. Ebenso wenig geht es darum, uns in eine dauernde Hochstimmung zu versetzen. Vielmehr ermöglicht uns die Meditation, dem Hier und Jetzt bewusster, verantwortlicher, liebevoller und geschickter zu begegnen.

Retreats können bei uns oft den fehlenden Teil eines grundlegenden Lebensrhythmus ausgleichen – nämlich des Wechsels zwischen äußerer Aktivität und innerer Einkehr, zwischen Ausdruck und Sammlung, wie dies auch dem Rhythmus von Tag und Nacht oder dem Wechsel von Sommer und Winter entspricht. Der Einwand, einige Wochen oder Monate in einem ganzen Menschenleben in Stille und Einsamkeit zu verbringen sei unangemessen und übertrieben, kann nur in einer extrovertiert-überdrehten Gesellschaft wie der unsrigen als ernsthaftes Argument gelten.

Eine ganzheitliche Lebenspraxis

Dabei darf aber Vipassana-Meditation als spirituelle Übung nicht so verstanden werden, als sei sie auf Retreats oder auf die tägliche Sitzmeditation beschränkt. Bei der Meditation handelt es sich also nicht um eine äußere Form, bei der man täglich 30–60 Minuten in möglichst orientalischer, regloser Haltung oder in zeitlupenhaftem Gehen verbringt. Vielmehr sind es das Erwachen und Erkennen, ein Sich-Öffnen und die Entwicklung von Herzensgüte, die echte Transformation möglich machen. Die Vipassana-Meditation ist ein Weg der inneren Wandlung und Befreiung, der sich mit Sicherheit früher oder später auch nach außen als positiver Beitrag für das gesamte menschliche Umfeld auswirken wird. Dabei geht es nicht nur um das endgültige Erreichen eines idealen Ziels, obschon ein solches als Inspiration und Wegweiser von größter Wichtigkeit ist. Sinn und Zweck dieser Lebenshaltung ist ebenso, die Qualität und den Ausdruck unseres Seins, hier und jetzt, sowie deren Auswirkungen auf uns selbst, unsere Umgebung, die Gesellschaft und den ganzen Planeten, jetzt und in der Zukunft, entscheidend zu verbessern.

Grundlagen der Meditationsübung

Mit Sanftheit und Interesse wenden wir unsere Aufmerksamkeit der gegenwärtigen Erfahrung in Körper, Gefühlen und Geist zu. Unbeirrt und immer von neuem nehmen wir den direkten Kontakt mit der nackten Erfahrung des Moments auf.

Die innere Ausrichtung

Zu Beginn einer Meditationssitzung ist es empfehlenswert, Sinn und Richtung dieser Praxis – und somit unseres ganzen Lebens – zu klären. Letztlich ist das Ziel jeglicher spiritueller Übung, unbedingte Freiheit und innere Ganzheit zu verwirklichen. Wir setzen unser Vertrauen in unser Potenzial, die eigene wahre Natur zu erkennen. Dabei verlassen wir uns nicht auf irgendwelche Glaubenssätze oder Versprechungen. Wir verlassen uns auf die Wirklichkeit, so wie sie ist, auf die tatsächlichen Gesetzmäßigkeiten dieses Lebens und auf die Mittel und Wege, die uns helfen, diese Gesetzmäßigkeiten klar zu verstehen und uns damit in Einklang zu bringen. Dabei stützen wir uns auf die Gemeinschaft Gleichgesinnter, das heißt all derer, die vor uns diese Freiheit verwirklicht haben, und jener, die mit uns zusammen auf dem Weg gehen.

Ebenso wichtig ist es, dass wir unsere Motivation klären, um nicht allein aus egozentrischen Absichten, sondern soweit wie möglich im Interesse des ganzen Lebens an diese Übung herantreten.

Qualifizierte Lehrerinnen und Lehrer

Falls Meditation für uns mehr sein soll als ein gelegentlicher Ruhepunkt im Treiben des Alltags und es uns ein echtes Anliegen ist, die Freiheit zu entdecken, sollten wir uns an qualifizierte Lehrer oder Lehrerinnen wenden und um Einführung, Anleitung und Unterstützung bitten. Dabei ist es heute wichtiger denn je, zu definieren, was mit ›qualifiziert‹ gemeint sein könnte. Infolge des Booms von Achtsamkeit und Meditation werden zurzeit zahllose Meditationslehrer und -lehrerinnen ausgebildet. Einige Wochen oder Monate dauernde Ausbildungen und das eine und andere Retreat genügen hier als Qualifikation. Im Internet werden gar Ausbildungskurse zu Meditationslehrenden von wenigen Wochenend-Modulen angeboten. Dabei können seriöse, aber relativ kurze Ausbildungen durchaus genügen, um Menschen zum Zwecke der Stressbewältigung, der Selbstfindung oder der Begleitung in therapeutischen Prozessen zu leiten. Wer aber Andere auf dem Weg zu tieferen, echt befreienden Erkenntnissen der Vergänglichkeit des eigenen Seins und zum Durchschauen der Leerheit der Ich-Täuschung, durch die manchmal turbulenten Wasser der Selbsterkenntnis im Rahmen von Retreats begleiten möchte, sollte während ein bis zwei Jahrzehnten konsequent praktiziert haben, insgesamt Monate und Jahre in Retreats verbracht haben und mehrjährig von autorisierten Lehrenden oder MeisterInnen einer spirituellen Tradition unterrichtet und ausgebildet worden sein.

Ethisches Verhalten und Meditation

Um wirksam zu sein, muss Meditation auf der Grundlage eines ethischen Verhaltens, das dem Respekt und Mitgefühl für alles Lebendige entspringt, geübt werden. Gewaltlosigkeit, Sensibilität und Ehrlichkeit in ihren differenzierteren Formen sind wesentliche Bestandteile einer echten spirituellen Praxis. Ganz spezifisch geht es dabei um das Unterlassen von absichtlichem Töten oder Verletzen; um das Respektieren von Eigentum; darum, durch Sexualität kein Leid zuzufügen, sondern sexuelle Energien mit Sensibilität, Verständnis und Mitgefühl zu leben; um Ehrlichkeit und Aufrichtigkeit und um verantwortungsvollen Umgang mit Drogen, Alkohol, Geld und Macht.

Es wird gesagt, das Beschreiten des Weges zum Erwachen ohne solide ethische Grundlage sei wie eine Ausfahrt mit einem Boot, das noch am Ufer festgebunden ist.

Bei der Sitzmeditation setzen wir uns, ohne uns anzulehnen, aufrecht hin, gut geerdet und zentriert. Diese Haltung verkörpert einerseits Wachheit und Selbständigkeit, anderseits Entspannung, Sich tragen-Lassen, Sich-der-Erde-Anvertrauen. Es ist unwichtig, ob wir auf einem Stuhl oder auf der Erde sitzen, solange wir uns dabei einigermaßen wohl fühlen. Die Hände legen wir im Schoß zusammen oder sie ruhen auf den Oberschenkeln, die Augen können leicht geschlossen oder ganz offen sein.

Mit Sanftheit und Interesse wenden wir unsere Aufmerksamkeit der gegenwärtigen Erfahrung in Körper, Gefühlen und Geist zu. Wir bemühen uns, aufzuwachen aus dem Traum und dem Verlorensein in Gedanken, Erinnerungen, Erwartungen, Selbstgesprächen oder Tagträumen. Unbeirrt und immer von neuem nehmen wir den direkten Kontakt mit der nackten Erfahrung des Moments auf. Wir denken also nicht über die gegenwärtige Erfahrung nach, noch stellen wir sie uns vor oder hängen Bildern nach. Vielmehr erspüren und beobachten wir voller Achtsamkeit, was in uns vor sich geht.

Objekt der Meditation, des Gewahrseins, ist also die Erfahrung des Moments: seien es die Körperempfindungen, die Atemempfindungen, die Gefühle, die Sinneswahrnehmungen, die Gedanken und Bilder unseres Geistes oder das Bewusstsein selber. Von Moment zu Moment sind wir in direktem Kontakt mit jeder Erfahrung, jeder Wahrnehmung, und sehen sie wach und klar als das, was sie ist, ohne uns darin zu verlieren – ein einfaches, aber kein leichtes Unterfangen. Weil es für die meisten von uns anfangs recht schwierig ist, wählen wir bestimmte Erfahrungen oder eben ›Objekte‹ aus, um das achtsame Gewahrsein daran zu üben.

Als mögliche Grundlage für diese Übung eignen sich die verschiedenen Körperempfindungen sehr gut. Es können Empfindungen von Wärme, Hitze oder Kälte sein, Vibrieren, Prickeln, Fließen, Druck oder Spannung, es können angenehme, unangenehme, schmerzhafte oder neutrale Empfindungen sein oder es können auch jene Körperempfindungen sein, die durch die Atembewegung an Bauchdecke, Brust oder Nasenlöchern entstehen. In welchen Empfindungen wir uns niederlassen, können wir frei entscheiden. Ganz wesentlich ist aber, dass wir wirklich in Kontakt sind mit der unmittelbaren, direkten Erfahrung – dass wir sie spüren – und dass wir immer genau wissen, wo wir mit unserer Aufmerksamkeit sind. Auch bei der Gehmeditation können wir zu Beginn vor allem die Körperempfindungen aufmerksam und unmittelbar betrachten. So können wir von Moment zu Moment Gegenwärtigsein und Wachsein üben, aber auch Sammlung und die Stetigkeit des Gewahrseins kultivieren.

Sobald wir bei der Meditation eine gewisse Stetigkeit erreicht haben, können wir das Feld des achtsamen Gewahrseins schrittweise erweitern: auf das Hören, das Sehen, das Riechen und Schmecken, auf positive und schwierige, heilsame und unheilsame, erhoffte und befürchtete Stimmungen und Geisteszustände, auf Gedanken, Ideen und Vorstellungen, bis alles, was unsere Erfahrung ausmacht, Teil der Meditation geworden ist.

Mit wachsender Erfahrung und Geschicklichkeit können wir den Brennpunkt der Achtsamkeit zu mikroskopischer Präzision verdichten oder ihn zu einem umfassenden, alles mit einschließenden Gewahrsein erweitern. Wenn nötig können wir uns auf ein einziges Objekt beschränken oder aber unser Gewahrsein, ohne auszuwählen, für alles öffnen, was im Geist aufsteigt und wieder verschwindet. Entscheidend ist die Kontinuität der Moment-zu-Moment-Achtsamkeit. Sie bewirkt Sammlung und Stetigkeit und schafft so eine wichtige Voraussetzung für die Klarheit des Sehens. Vertiefung der Meditation ist also weniger bedingt durch einen Akt des Willens und der Kontrolle, als vielmehr durch ein fortwährendes Gegenwärtigsein. Deshalb ist es notwendig, dass wir immer wieder von neuem aus unachtsamen, mechanischen Gewohnheiten aufwachen, um mit Frische und entspanntem Interesse den Moment direkt zu erfühlen und zu erforschen.

Rechtes Bemühen

Was das ›Rechte Bemühen‹ betrifft, so sollten wir uns nicht von einem scheinbaren Paradox verwirren lassen. Oft glauben wir, uns anstrengen zu müssen, um die Qualität unserer Moment-zu-Moment-Erfahrung so zu verändern, dass wir einen bestimmten Zustand erreichen. Dieser müsste, unseren Erwartungen und Idealen entsprechend, angenehm, dauerhaft und endgültig befriedigend sein. Dabei ist gerade hier unsere altgewohnte Haltung am Werk, die genährt wird von Unzufriedenheit, Wunschdenken und der Neigung, immer mehr, anderes und Besseres haben zu wollen. Dadurch erreichen wir aber meist das Gegenteil dessen, was wir anstreben, und erfahren mehr Spannung und Konflikt. Geschicktes Bemühen heißt vielmehr, jetzt entspannt, aber voll und ganz hier zu sein, in Berührung zu sein, im Gewahrsein dessen, was ist. Dies bedingt Geduld, eine Haltung des Annehmens und der Gelassenheit. Nur so wird klares Erkennen, Verstehen und damit innere Wandlung möglich. Bei dieser Haltung wird auch das Prinzip der Gewaltlosigkeit innerhalb der Meditation sichtbar: Befreiung kommt nicht aus Kampf und Konflikt, Erreichen oder Loswerdenwollen, sondern vielmehr aus liebevoller Zuwendung, interessiertem Erforschen, klarem Sehen, Erkennen, Annehmen und Loslassen.

Befreiende Erkenntnis

Einsicht und Erkenntnis ist auf körperlicher, energetischer oder psychologischer Ebene möglich, oder sie kann sich auf unser Verhalten oder auf die wechselseitigen Beziehungen zwischen Innen- und Außenwelt erstrecken. Die letztlich befreiende Erkenntnis bezieht sich indessen auf die eigentliche Natur unserer selbst und des Daseins. So verschiebt sich die Aufmerksamkeit, weg vom Inhalt unserer Erfahrungs-Geschichten und hin zu Funktion und Ablauf unserer Körper- und Geistesprozesse, um sich schließlich der Erforschung der Erscheinungsformen sowie der wahren Natur aller Dinge zuzuwenden. Wenn wir zutiefst erkennen, dass alles Erschaffene vergänglich, unbefriedigend und ohne Selbst-Existenz ist, wird Freiheit möglich. Um diese Wirklichkeit jedoch klar zu sehen, ist die Bereitschaft notwendig, jedem Moment, jeder Erfahrung mit Geduld, Gelassenheit und ohne jede Gewalt zu begegnen. Die Qualitäten des erwachenden Geistes sind Gewahrsein und Forschergeist, Interesse und Energie, innere Ruhe, Sammlung und wertschätzende Gelassenheit. Diese Eigenschaften ermöglichen es dem Geist, seine wahre Natur und die Natur allen Seins zu erkennen und frei zu sein.

Der Achtfache Pfad

Wir üben die Meditation nicht nur im Sitzen oder Gehen, sondern bei sämtlichen Aktivitäten und Lebenssituationen, ob im Retreat oder im Alltag. Um wirkliche innere Transformation zu bewirken, kann die Praxis niemals nur auf formale Meditation allein beschränkt sein. Vielmehr muss sie sämtliche Bereiche unseres Lebens durchdringen. Ein umfassendes Modell einer solchen Praxis ist der sogenannte ›Achtfache Pfad‹. Er bezieht sich auf eine Anzahl von Bereichen der Übung und der Erkenntnis, die sich untereinander in einem Kreis schließen und einander fortlaufend verstärken. Als erster Schritt kann ›Rechtes Erkennen‹ gesehen werden, und zwar an jenem Punkt, wo wir das Leiden des Daseins mitsamt seinen Ursachen zu sehen beginnen und es zu beseitigen wünschen. Dazu ist eine Haltung der inneren Abkehr von dem, was Leiden schafft, nötig. Diese Haltung des ›Rechten Denkens‹ bedeutet Loslassen und Großzügigkeit (Nicht-Anhaften) sowie Liebe und Mitgefühl (Nicht-Ablehnung). Im Bereich des ›Rechten Redens‹ wirkt sich dieselbe Haltung als Ehrlichkeit und Nicht-Verletzen durch Worte aus. Als ›Rechte Handlung‹ ist sie Gewaltlosigkeit, Sensibilität und Respekt gegenüber allem Leben. Im Bereich des ›Rechten Lebenserwerbs‹ bedeutet sie Verantwortungsbewusstsein, Sorgfalt und Unterstützung des Lebens statt dessen Ausbeutung und Zerstörung.

Diese besondere Art von innerer Haltung und äußerem Tun bildet die Grundlage – muss die Grundlage bilden – für jede Art der Meditation. Gleichzeitig ist Meditation aber auch der Ausgangspunkt: ›Rechtes Bemühen‹ heißt, diese positiven inneren Haltungen und äußeren Handlungen zu kultivieren sowie von Moment zu Moment Achtsamkeit und Gewahrsein zu üben. Die Kontinuität dieses ›Rechten Gewahrseins‹ führt zur Stetigkeit des Geistes, zur ›Rechten Sammlung‹. Die aus dieser Meditation entstehende Einsicht bringt uns – auf einer tieferen Ebene – zurück zum ersten Bereich der ›Rechten Erkenntnis‹. Diese Erkenntnis der Natur des Geistes und des Daseins verstärkt wiederum die innere Haltung der Abkehr und des Loslassens, aber auch der Liebe und des Mitgefühls, was sich wiederum in all unserem Tun äußert. Auf diese Weise erfasst und verwandelt die Praxis den ganzen Menschen.

Die abschließende Widmung

Um unseren Bemühungen und Erkenntnissen immer wieder eine klare Richtung zu geben und sie niemals zum persönlichen Selbstzweck werden zu lassen, können wir unsere Meditationen und positiven Handlungen mit einer Widmung abschließen. Im Geiste teilen wir all die heilsamen Kräfte, Qualitäten und Wirkungen, die durch unsere Praxis entstanden sind, mit anderen Menschen. Das können unsere Lehrer, Eltern, Kinder, Partner, Freunde, Feinde und Unbekannte sein. Oder wir widmen diese Kräfte einem bestimmten guten Zweck, einer bestimmten Person und ganz besonders der baldigen Befreiung aller lebenden Wesen.

Klar sehen – offen sein

Anstatt darauf aus zu sein, die Melodie des Universums
in unserem Sinne umzustimmen, lernen wir,
sie mitzusingen und in ihrem Rhythmus zu tanzen.

Die Problematik erkennen

Wenn wir uns selber zuschauen und auch andere beobachten, fällt uns ein grundlegender Charakterzug auf, der für alle gleich zu sein scheint: alle möchten glücklich sein, frei von Leiden, von Schmerz, von Schwierigkeiten. Wie ein roter Faden zieht sich dieser Wunsch durchs Leben. Er wird überall sichtbar, nicht nur im Leben des einzelnen, sondern beispielsweise auch in den Beziehungen, in Beruf und Freizeitgestaltung, im gesellschaftlichen Leben, in Politik und Wirtschaft. Trotz unserer unablässigen Bemühungen sind wir dabei nicht sehr erfolgreich. Offenbar fehlt uns das entscheidende Verständnis, worauf es hier ankommt. Wie weit weg oder wie nahe wir von Glück und Harmonie sind, hängt nämlich von unserem Verständnis ab, dem Verstehen unseres eigenen Lebens sowie allen Lebens, das uns umgibt. Deshalb geht es zuallererst darum, klar zu sehen, zu erkennen und zu verstehen. Dies ist die Grundlage. Daraus erwächst ein entsprechendes Verhalten, das Harmonie schafft und Einklang bringt.

Wir alle möchten nicht leiden und strengen uns seit Menschengedenken an, Leiden zu vermeiden. Doch wenn wir wirklich hinschauen, was erkennen wir? Wir sehen Kriege, Terror, Hungersnot, nukleare Bedrohung. Seit dem 2. Weltkrieg hat es über 25 Millionen Kriegstote gegeben. Die weltweiten Rüstungsausgaben nähern sich zwei Billionen Dollar pro Jahr.

Für den Gegenwert eines einzigen Panzers könnte man in den Entwicklungsländern 1000 Schulräume für 30 000 Schüler bauen. Weltweit gibt es 24 000 Hungertote jeden Tag, 8500 davon Kinder. Das bedeutet, dass eine große Stadt wie Bonn innerhalb von etwa 12 Tagen ausgestorben wäre. Dazu kommen rund 1,5 Millionen Menschen jährlich, die an verunreinigtem Wasser sterben. Die Zahl der Flüchtlinge in aller Welt wird auf etwa 60 Millionen geschätzt.[1] Wir nehmen eine Gesellschaft wahr, die sich selbst und ebenso die Umwelt zu zerstören, zu vergiften und zu ruinieren droht. Jede Sekunde wird mehr als ein halbes Fußballfeld Regenwald zerstört, also jährlich 13 Millionen Hektar. Rassismus, Nationalismus und religiöser Hass sind wieder zum ›courant normal‹ geworden. Auch auf der persönlichen Ebene erblicken wir in uns und um uns herum Stress, Burn-out, Depressionen. Symptome davon sind die hohen Selbstmordraten, der enorme Alkohol- und Drogenmissbrauch oder die erschreckend häufigen Fälle von Kindsmissbrauch und Vergewaltigungen, um nur einige Beispiele zu nennen.

Bei all dem Leiden, das wir zum Teil vielleicht selbst erfahren müssen, sicher aber auch bei Mitmenschen und Umwelt erkennen, ist zunächst eines wichtig: dass wir nicht die Augen davor verschließen, sondern wirklich einmal hinschauen. Es ist in unserer Gesellschaft nicht populär das Leiden, den Schmerz anzuschauen. Leiden wird maskiert, aus dem Weg geschafft und die Konfrontation damit vermieden. Zugleich wird aber auch eine Chance verspielt, Heilung zu finden.

Was es von unserer Seite braucht, ist die Haltung der Ärztin. Die Ärztin schaut zuerst genau hin, sie untersucht die Symptome, forscht nach den Ursachen, wählt die geeigneten Heilmittel und verschreibt eine Kur. Wenn die Ursachen richtig erkannt und die Kur entsprechend angeordnet und befolgt wird, ist Heilung möglich. Ganz ähnlich können auch wir die Ursachen des Leidens erkennen und herausfinden, was zur Heilung erforderlich ist. Stattdessen verhalten wir uns wie jemand, der ein Bein gebrochen hat und, statt die Ärztin aufzusuchen, ins Kino gehen will, um sich vom Schmerz abzulenken. Die Meditation ist solchem Verhalten entgegen-

1 Wikipedia.

gesetzt. Meditation konfrontiert mit Leiden, Konflikten und Schwierigkeiten, forscht nach den Ursachen und strebt nach Heilung und Freiheit.

Charakteristiken des Daseins

Wenn wir nun dem Körper, den Sinnen, dem Geist, dem Bewusstsein volle Aufmerksamkeit schenken, enthüllen sich uns eine Reihe von Grundmustern und Gesetzmäßigkeiten. Als erstes die Tatsache, dass alles entsteht, vergeht und sich ständig verändert. Wo immer wir hinschauen, nehmen wir Körperempfindungen und Gefühle, Sinneseindrücke und Gedanken wahr, die sich ständig verändern. Wenn wir uns ansehen, was vom frühen Morgen bis zum späten Abend im Bewusstsein abläuft, sind es lauter Wahrnehmungen, die von Moment zu Moment erscheinen, sich verändern, verschwinden. Was immer entsteht, muss seiner Natur nach auch vergehen. Mit den Worten Ryokans:[2]

»Unterwegs zum Betteln an diesem Frühlingstag
Hielt ich an, um Veilchen zu pflücken.
Oh! Schon ist der Tag vorbei!«

»Das Leben ist gleich einem Tautropfen,
Flüchtig und leer.
Dahin sind meine Jahre.
Und nun, zittrig und schwach,
Muss ich vergehn.«

Haben wir die Veränderlichkeit und Vergänglichkeit erkannt, verstehen wir auch eine daraus folgende Gesetzmäßigkeit: alle diese Dinge und Verhältnisse, aber auch die Menschen rund um uns sind nicht in der Lage, uns bleibende Befriedigung zu verschaffen. Befriedigung ist zwar möglich, doch auch sie hat ihre Zeit und vergeht. Es gibt nichts, was ein für allemal befriedigend sein könnte!

2 Ryokan/Stevens, One Robe, One Bowl. Weatherhill, N.Y.& Tokyo.

Wenn wir noch genauer hinschauen, erkennen wir eine dritte Gesetzmäßigkeit: Die grundlegende Substanzlosigkeit aller Erscheinung und aller Erfahrung des Daseins. Weder in uns selber noch irgendwo sonst im Universum finden wir eine unveränderliche, unabhängige, in sich selbst existierende Essenz oder Wesenheit, von der wir behaupten können: das ist mein letztendlicher Kern, oder das ist die zentrale, unveränderliche Wesenheit des Daseins. Der Buddha verglich das Wesen des Daseins mit einer Blase in einem Fluss, einem Wetterleuchten in einer Sommerwolke, einem flackernden Licht, einem Phantom, einem Traum.

Meist übersehen oder verdrängen wir diese Grundzüge der Existenz. In der Meditation können wir jedoch erkennen, wie wir der Veränderung und diesem ständig wechselnden Drama, welches das Leben ist, begegnen. Dabei ist es möglich zu entdecken, wie wir uns fesseln und wie wir uns befreien können. Weil wir die Gesetzmäßigkeiten des Daseins nicht klar erkennen und verstehen, identifizieren wir uns laufend mit unsern Erfahrungen und reagieren mit bestimmten Verhaltensmustern: Festhalten, Ablehnung oder Desinteresse. Das Angenehme wollen wir festhalten, das Unangenehme suchen wir zu vermeiden, neutrale Erfahrungen interessieren uns nicht weiter. Diese Verhaltensmuster scheinen recht natürlich zu sein. Doch tatsächlich ist Leiden unvermeidlich, wenn wir in einem Universum, in welchem sich ständig alles verändert, mit Festhalten reagieren. Es muss Schwierigkeiten bringen, wenn wir auf alles, was außerhalb unserer Kontrolle liegt, mit Widerstand reagieren.

Da ist eine große Diskrepanz zwischen der Art, wie das Universum funktioniert, und unserem Verhalten; zwischen den Grundtatsachen des Lebens und der Art, wie wir damit umgehen. Ignoranz, Blindheit und Nichtverstehen kennzeichnen unsere Haltung gegenüber den Gegebenheiten der Wirklichkeit. Wir möchten zwar glücklich sein; doch weil wir missverstehen, wie das Leben funktioniert, reagieren wir ständig so, dass Konflikte entstehen müssen. Etwa wie jemand, der in Unkenntnis der Spielregeln eine Schachpartie gewinnen möchte. Indem wir hoffen und erwarten, dass irgendwann die Dinge dann wirklich so sein werden, wie wir sie uns immer gewünscht haben, verschließen wir uns einer tieferen Einsicht. Immer wollen wir noch etwas mehr, etwas Besseres, Schnelleres, Höheres – weil wir die Gesetzmäßigkeiten des Lebens nicht verstehen. Genau dies ist die Ursache des Leidens, auf jeder Ebene.

Sich einstimmen

In Wirklichkeit haben wir eine Wahl zu treffen. Entweder verbringen wir unser ganzes Leben mit dem Versuch, das Universum so zu verändern, wie wir es gerne hätten. Oder wir verändern uns selbst. Noch besser, wir verändern unsere Haltung gegenüber dem Leben: von einer Haltung, die durch Kampf und Krampf gekennzeichnet ist, zu einer solchen des Sich-Einstimmens. Anstatt zu versuchen, den Fluss zu stoppen, lernen wir mitzuschwimmen. Anstatt darauf aus zu sein, die Melodie des Universums in unserem Sinne umzustimmen, lernen wir, sie mitzusingen und in ihrem Rhythmus zu tanzen. Das ist unsere Wahl. Seng-ts'an, ein chinesischer Meister, drückte dies so aus:[3]

»Der vollkommene Weg ist nicht schwierig
für die, welche keine Vorliebe haben.
Wenn Hassen und Haften weg fallen,
wird alles klar und unverhüllt.
Eine Haaresbreite Unterscheidung jedoch –
und Himmel und Erde sind weit voneinander getrennt.
Wer die Wahrheit erkennen will,
sei nicht dafür und nicht dagegen.
Der Weg ist vollkommen wie der weite Raum.
Nichts ist zu wenig und nichts ist zu viel.
Nur wegen unserer Neigung, anzunehmen oder zu verwerfen,
sehen wir die wahre Natur der Dinge nicht.«

Es klingt einfach, es ist einfach – und doch nicht leicht. Es braucht Übung und nochmals Übung. Wir üben:

3 Seng-ts'an, der dritte Ch'an-Älteste. Aus seinem Xin Xin Ming (Hsin Hsin Ming), Vertrauen in den Geist.

- Weniger Haften, weniger Gier.
- Weniger Verurteilen, weniger Hass.
- Weniger Gleichgültigkeit.

Wie können wir damit anfangen? Wir fangen an, indem wir achtsam und aufmerksam sind; indem wir akzeptieren, offen sind und ein inneres Gleichgewicht finden. Achtsamkeit ist das Gegenwärtig-Sein von Moment zu Moment, wie es in der Meditation geübt wird; sich dem zuwenden und dessen gewahr sein, was gerade jetzt ist.

Warum sollten wir eigentlich in der Gegenwart sein? Sehr oft ist dies doch gar nicht so lustig. Nun, wenn wir lieben oder geliebt werden wollen, ist dies nur in der Gegenwart möglich. Selbst den Schmerz gibt es nur in diesem Augenblick. Wenn wir uns selbst und das Leben kennenlernen wollen, so ist dies ausschließlich jetzt möglich. Wenn wir das Leben erkennen und verstehen wollen, um in Harmonie mit seinen Gesetzen zu leben, müssen wir dafür auch gegenwärtig sein. Es findet nur hier und nur jetzt statt. Die direkte, reine Achtsamkeit bringt uns in Kontakt mit dem, was hier und jetzt ist.

Dadurch, dass wir mit uns und mit dieser Wirklichkeit mehr und mehr in Kontakt kommen, beginnt sich unsere Beziehung dazu von selbst zu verändern. Es geht hier also nicht um ein Programm der Persönlichkeitsveränderung, bei dem wir an unserer Transformation arbeiten. Vielmehr findet eine Verwandlung statt dadurch, dass wir die Wirklichkeit klarer zu sehen und zu verstehen beginnen; also weniger durch Nachdenken, als durch die direkte Erfahrung. Ein Weiser hat gesagt, dass es die Wahrheit ist, die befreit, nicht unsere Anstrengung, frei zu werden.

Erkenntnis befreit

Es ist in der Tat nicht möglich, sich durch bloßes Bemühen zu befreien. Unsere Anstrengung soll darauf gerichtet sein, die Wirklichkeit zu sehen und mit ihr in Kontakt zu sein. Mit Wirklichkeit ist hier die unmittelbare Erfahrung, wie sie sich und von Moment zu Moment durch Körper, Sinne und Geist präsentiert. Diese Wirklichkeit ist der Schlüssel zur Freiheit, und wir lassen sie wirken, indem wir offen und gegenwärtig sind.

Durch den engen Kontakt mit dieser Wirklichkeit erkennen wir mehr und mehr eine ihrer grundlegenden Eigenschaften: sie verändert sich ständig. Somit verstehen wir auch, dass es sinnlos ist, an einer gegenwärtigen Erfahrung zu haften oder sich gegen sie zu sträuben. Diese Haltungen bringen nichts ein, weil sie der Wirklichkeit zuwiderlaufen. Sei es in der Meditation, sei es im Alltag: es kommt nicht so sehr darauf an, was wir von Moment zu Moment erleben und erfahren. Es kommt darauf an, wie wir damit umgehen; allein unsere Haltung oder Beziehung dazu ist entscheidend. Anstatt am Erleben zu haften oder es wegzustoßen, behalten wir Gleichgewicht und Gelassenheit bei. Wir nähern uns einer Lebenshaltung des Akzeptierens, des Offenseins und des inneren Gleichgewichtes sowohl bei den angenehmen wie bei den schwierigen Erfahrungen. Dadurch wird die Beziehung zu uns selbst wie auch zum Leben voller und harmonischer.

Diese Haltung üben wir. Übung wird uns mehr und mehr Einsicht bringen; meist wohl nicht in einem großen Blitz der Erkenntnis, auch wenn wir die eindrücklichen Geschichten der plötzlichen Erleuchtung kennen. Ohnehin neigen wir heute zum ›Sofort‹: – Sofortmahlzeiten, Sofort-Erleuchtung... Dieser Neigung sollen wir Geduld, Ausdauer und Vertrauen entgegensetzen – und stetes Üben. Dafür eignet sich jede Situation, sei es im Alltag, sei es bei der Meditation. Jeder Moment, dessen wir uns bewusst sind, ist der richtige Moment, um wieder anzufangen mit Gegenwärtigsein und Offen-Sein. Alles hängt von uns selbst ab. Niemand kann uns die Früchte der Übung verschaffen. Es ist unser Weg, unsere Entdeckungsfahrt. Ein Sufi-Lehrer schrieb:

> »Das Heiligtum ist vor dir, und der Räuber ist hinter dir.
> Wenn du gehst, gewinnst du, wenn du schläfst, stirbst du.«

Es ist unsere Verantwortung. Es hängt von uns ab, ob wir wachsen, lernen und uns entwickeln wollen zu mehr Offenheit, Gleichgewicht und Liebe.

Dieser Moment

Meditation bedeutet gegenwärtig sein, jetzt hier sein mit dem, was ist.
Wenn wir meditieren, üben wir, da zu sein, wo wir bereits sind.
Wir haben nichts anderes als diesen einzigartigen,
flüchtigen, kostbaren Moment.

Selten und wertvoll

Tatsache ist, dass wir oft mit der Aufmerksamkeit nicht hier sind. Wir haben die Neigung zu planen, zu erinnern oder unser neuestes psychologisches Problem zu studieren; oder aber das, was geschieht, zu werten und zu kommentieren, zu begrüßen oder zu verurteilen. All dies ist nicht Achtsamkeit, sondern Denken. Das Denken hat seinen Platz, es ist wichtig und sehr nützlich; wir wollen es keineswegs abschaffen, noch plädieren wir für Gedankenlosigkeit im herkömmlichen Sinn. Doch achtsam sein ist anders als sich erinnern, sich etwas vorstellen, planen, tagträumen, Gedanken verknüpfen oder schlussfolgern. Achtsamkeit bedeutet: gewahr sein, hier sein. Im gegenwärtigen Moment sein. Es braucht ein ständiges Bemühen, immer und immer wieder hierher zurückzukommen, wo wir eigentlich schon sind; wahrzunehmen, was vor sich geht im Körper, in den Gefühlen, im Bewusstsein.

Wir alle möchten unser Leben so vollständig wie möglich leben. Deshalb müssen wir lernen, dort zu sein, wo das Leben stattfindet, nämlich genau hier, jetzt. ›Jetzt‹ ist der einzige Moment, den wir haben! Deshalb ist er außerordentlich wertvoll. Wir haben allen Grund, ihm unsere volle Aufmerksamkeit zu schenken.

Wie außergewöhnlich ist doch unsere Situation! Nicht selbstverständlich ist schon die Tatsache, dass wir Menschen sind mit allen Fähigkeiten und Möglichkeiten, einem Bewusstsein, Intelligenz, Sensibilität und echtem Interesse am Leben und am inneren Wachstum. Wir werden nicht völlig aufgerieben von endloser Arbeit oder hartem Überlebenskampf. Der größte Teil der Menschheit verbringt seine Zeit im Kampf ums Überleben, und für viele ist er hoffnungslos. Wir haben alles, was wir brauchen, und wir sind gesund. Bei Krankheit können wir ärztliche Hilfe beanspruchen. Wir haben Freiheit. Wir leben in einer vergleichsweise freien Gesellschaft. Wir können tun, was uns interessiert, und denken, sprechen, lesen, schreiben und drucken, was wir wollen. Zahllose Menschen werden auf dieser Welt eingesperrt, ja gefoltert, weil sie sich diese Freiheiten nehmen oder sie auch nur verlangen.

Es ist eben A: selten und B: wertvoll, dass der Weg zur inneren Freiheit überhaupt zugänglich ist; dass Dharma und Meditation gelehrt und geübt werden können. Der Buddha nannte dies ›die kostbare menschliche Daseinssituation‹. Er illustrierte ihre Seltenheit und Kostbarkeit mit einem Bild:

> Man stelle sich vor, auf dem großen, weiten Ozean schwimme ein goldener Ring. Von Wind und Wellen wird er hierhin und dorthin getrieben. Am Grund des Ozeans lebt eine blinde Schildkröte, die nur alle hundert Jahre einmal an die Oberfläche steigt, um Luft zu holen; dann taucht sie wieder unter. So selten und einzigartig es ist, dass die Schildkröte mit ihrem Kopf durch den Ring auftaucht, ebenso außergewöhnlich und selten ist die Tatsache unseres menschlichen Daseins![4]

Wir alle haben die Chance des menschlichen Lebens, Lernens und Wachsens. Meist betrachten wir dies als selbstverständlich. Ist es aber nicht wunderbar?

4 Buddha, Chiggala Sutta.

In stetigem Wandel und vergänglich

Es gibt einen weiteren Aspekt des Lebens, der den gegenwärtigen Moment noch wertvoller macht: die Vergänglichkeit des Daseins. Durch die Übung der Achtsamkeit werden wir mehr und mehr ein Gefühl dafür entwickeln und zu verstehen beginnen, was Vergänglichkeit bedeutet. Zwar glauben wir zu wissen, dass die Dinge dieser Welt sich verändern. Wir glauben auch zu wissen, dass wir selbst vergänglich sind. Wie weit wir mit dieser Tatsache aber in Berührung sind, ist eine andere Frage. Wir scheinen eher davon überzeugt zu sein, dass unsere Welt ein fester Ort ist: dreidimensional, substantiell und statisch. Nur ab und zu, wenn etwas Dramatisches geschieht – der Tod eines geliebten Menschen, eine Trennung oder vielleicht einfach ein tief empfundener Wechsel der Jahreszeiten – wird unser Glaube an eine solide Welt erschüttert. Wenn wir jedoch anfangen aufzuwachen, achtsam zu sein und in der Meditation genauer hinzusehen, werden wir noch deutlicher erkennen: das Dasein ist ein dynamisches Geschehen und es findet ausschließlich im gegenwärtigen Moment statt.

Wir beginnen klarer und klarer zu sehen, dass das Dasein aus Momenten besteht, einer nach dem anderen. Der gegenwärtige Moment ist ganz durchsichtig und dünn, ein Bruchteil von Zeit; sozusagen eine feine Linie zwischen einer Vergangenheit, die restlos verschwunden ist, und einer Zukunft, die noch nicht begonnen hat. Die Linie ist so fein, dass man kaum sagen kann, sie existiere. Können wir das sehen? Können wir uns dieser Tatsache öffnen?

Gleichzeitig hat dieser kaum fassbare, ständig zerfallende Moment große Macht. Er manifestiert sich als die ganze Skala der Lebenserfahrung, von höchster Ekstase bis zu tiefstem Schrecken. Der Moment lässt uns leiden oder macht uns glücklich, blind oder sehend, gefangen oder frei. Doch auch diese Moment-Wirklichkeit ist nicht substantiell. Sie hat vielmehr das Wesen einer Erscheinung, einer Reflexion oder eines Traums, die uns nur fest erscheinen wegen der Art, wie wir sie wahrnehmen. Wir sehen die erscheinende Wirklichkeit durch die Filter unserer Vorstellungen. Diese Vorstellungen und Ideen vermitteln ein Gefühl von bleibender Festigkeit; und dies in einer Welt, in der alles in komplexer gegenseitiger Abhängigkeit entsteht und vergeht. Wir sehen Menschen und Dinge, als wären sie fest und substantiell, und verhalten uns entsprechend. Auch diese Illusion bricht zusammen, wenn wir sorgfältig hinschauen. Damit soll nicht gesagt sein, dass mit der Welt oder mit dem Leben etwas nicht stimmt. Es ist nur so, dass wir unweigerlich Probleme und Konflikte bekommen, wenn unsere Wahrnehmung, und damit unser Verhältnis zur Welt und zum Dasein, unrealistisch ist. Dieses Prinzip liegt sowohl den winzigsten Konflikten wie solchen von weltweiter Bedeutung zugrunde.

Die Welt und das Dasein sind ebenfalls nicht statisch. Vielmehr ist eine rapide Bewegung, eine Kette von Ursachen und Wirkungen erkennbar, wie ein fortlaufender Blitz der Wahrnehmung, der durchs Universum jagt. Physiker haben errechnet, dass unser Universum in einer Größenordnung von trillionenmal pro Sekunde entsteht und vergeht: eine unvorstellbare Dynamik. Auch in unserem eigenen Leben gibt es das Feste und Bleibende nicht, das wir uns so sehr wünschen. Der Buddha hat dies ganz drastisch ausgedrückt: Mit dem Leben des Menschen verhält es sich wie mit einem Pfeil. Sobald der Schütze die Sehne schnellen lässt, ist der Pfeil auf seiner Bahn; er wartet nicht, blitzschnell erreicht er sein Ziel. Kein Moment des Zögerns, keine Rückkehr.

Dazu gehört, dass wir nicht wissen, wann unsere Zeit kommen wird. Der Tod kann uns jeden Moment einholen. Jung sein ist keine Garantie, auch Gesundheit und Fitness sind es nicht. Manchmal denken wir, wir wären ›sicher‹, wenn wir meditieren, Yoga oder Qigong üben und biologisch essen. Nagarjuna, ein indischer Weiser, rief aus:

»Das Leben ist so zerbrechlich, zerbrechlicher als eine Blase,
die vom Wind hierhin und dorthin geweht wird.
Erstaunlich sind doch jene, die glauben,
dass sie nach dem Ausatmen wieder einatmen
oder nach dem Schlaf einer Nacht wieder erwachen werden!«

In der Tat, dafür gibt es nicht die geringste Garantie. Dabei sind wir alle doch irgendwie überzeugt, mindestens noch ganz sicher bis zum Ende dieser Woche zu leben!

Da dieser Moment alles ist, was wir haben, und dabei doch so schnell vergeht, wie könnte er anders sein als kostbar, besonders und einzigartig! Es ist gut, sich daran zu erinnern. Doch entstehen daraus weder tödlicher Ernst noch Grimm oder Trotz, ganz im Gegenteil: wenn wir die Kostbarkeit des Moments direkt empfinden und in diesem Bewusstsein leben, entsteht viel Freude und Leichtigkeit. In Kontakt zu sein mit dem Wunder und der Einzigartigkeit des Moments, baut Wichtigtuerei und Eigendünkel ab, befreit uns von Kleinlichkeit, von unserer Kontroll-Manie, sowie von Selbstmitleid. Wir werden lebendiger, feinfühliger und freier.

Zur Illustration ein Bericht von Ram Dass über seinen Besuch in den Todeszellen des St. Quentin-Gefängnisses in Kalifornien bei Männern, die zum Tod verurteilt waren.

> »Während ich zu jeder Zelle ging, gab es unter den 34 Männern höchstens vier oder fünf, die mich nicht offen, klar, und bewusst empfingen. Ich hatte das Gefühl, als besuchte ich die Mönche eines Klosters. Denn diese Männer, die dem Tod gegenüberstanden, fanden sich in eine Situation geworfen, die ihr persönliches Melodrama glatt durchschnitt, und sie befanden sich ganz hier. Wir saßen in Gruppen zusammen und sandten Liebe und Frieden an alle fühlenden Wesen im Universum. Aus den Augen dieser Leute strömte Licht. Und wir waren so offen, dass ich wirklich sagen konnte – ohne dass einer von uns ausgeflippt wäre: ›Ich weiß nicht, ob das, was mit euch geschehen ist, ein Segen oder ein Fluch ist; denn es gäbe sonst kaum die Möglichkeit für uns, einen so außergewöhnlichen Zustand miteinander zu teilen!‹«[5]

Ram Dass meinte weiter, für diese Männer hätte eine Möglichkeit bestanden, dass der höchste Gerichtshof die Todesstrafe in ›Lebenslänglich‹ umwandeln würde. Wäre dies der Fall, dann würden sie diese Art Bewusstsein bald wieder verlieren. Das Leben würde wieder gewöhnlich für sie werden. Sie würden vergessen. In gleicher Weise vergessen auch wir das Wunder des Seins.

5 Ram Dass, Schrot für die Mühle, Sadhana, Berlin, 1995.

Weise entscheiden

Obschon dieser gegenwärtige Moment so flüchtig und substanzlos ist, hat er doch große Macht und Bedeutung; denn in ihm sind wir und handeln wir. Das Tun des Geistes, die Motivationen, Haltungen und Tendenzen finden in diesem Moment statt; dasselbe gilt für die Rede sowie die Handlungen des Körpers. Es spielt eine Rolle, was wir denken, sagen oder tun; denn die Haltungen und die Handlungen dieses Moments beeinflussen uns und unsere Umgebung zutiefst. Sie wirken unmittelbar in der Gegenwart, und sie wirken auch in der Zukunft fort. Die Folgen unseres Denkens und Handelns sind vergleichbar mit der Saat im Garten. Wenn wir süße Pfirsiche ernten wollen, sollten wir nicht saure Zitronen kultivieren. Hegen und pflegen wir Aggression und Angst, werden Spannungen, Feindschaft, Konflikt und Schmerz daraus erwachsen. Pflanzen wir jedoch Wertschätzung und Liebe, werden wir Freude, Harmonie und Glück ernten. Beim Horten und Festhalten müssen wir uns auf Frustration, Armut und Misere gefasst machen, während Offenheit, Loslassen und Weggeben von Leichtigkeit und Fülle gefolgt sein werden. Ein in Trägheit belassener Geist wird Unklarheit und Verwirrung hervorbringen. Wenn wir jedoch Achtsamkeit, Interesse und Präsenz üben, werden Klarheit, Sensibilität und Verständnis von selbst wachsen. Wie wenn Licht in einen dunklen Raum getragen wird, so werden wir die Natur aller Dinge klar sehen und erkennen.

So ist also der gegenwärtige Moment die Gelegenheit zu lernen, zu sehen, zu verstehen und angemessen zu handeln. Alles hängt ab vom Jetzt und von unserem Hier-Sein. Deshalb üben wir Hier-Sein, hierher zurückkommen, uns im Jetzt niederzulassen, mit Sorgfalt und Kontinuität, immer und immer wieder. Wir üben Kontinuität, die Fortführung der Praxis, nicht nur während der formalen Meditation, sondern während des ganzen Tages.

Eine Tasse Tee zu trinken kann eine bedeutungslose, alltägliche Handlung sein; oder aber wir feiern die Einzigartigkeit dieses Moments! Eine Türe öffnen und schließen: können wir wirklich ganz dafür da sein? Wasser, das aus der Röhre sprudelt…! Das alltägliche Dasein ist reich an Situationen und Möglichkeiten zum Entdecken und Lernen. Die Praxis, ob in Retreat oder Alltag, kann man zur Last oder Pflicht werden lassen, oder wir können daraus eine Entdeckung, eine Feier, einen Tanz machen. Es liegt an uns – in jedem Moment.

Freundliche Wachheit kultivieren

Dabei ist es absolut notwendig, dass wir uns auf die richtige Art bemühen. Da diese Art der spirituellen Übung meist als ein Weg oder Pfad dargestellt wird, erhalten wir den Eindruck, dass wir irgendwo außerhalb unserer jetzigen Gegebenheiten hinkommen und dementsprechend etwas erreichen müssten. Dies entspricht auch einer tiefsitzenden Konditionierung: Wie wir sind, ist nicht gut genug, nicht ganz o.k. Also strengen wir uns an, um besser zu sein. Wir versuchen, von hier, wo wir nicht gut genug sind, anderswohin zu gelangen, wo wir dann endlich perfekt sein werden, oder jedenfalls ein wenig perfekter. Diese Haltung gleicht jener des Esels, welcher der Rübe nachrennt, die vor seiner Nase baumelt; er merkt nicht, dass er die Rübe selber trägt und sie deshalb nie erreichen wird. Das gleiche gilt auch für uns. Was immer geschieht, es wird nie gut genug sein. Immer wird uns etwas fehlen. Solange Verlangen in irgendeiner Form da ist, wird nie Friede sein. Eine Fehlhaltung mit schmerzlichen Folgen.

Und doch bedarf es ständigen Bemühens. Doch es ist das Bemühen, gegenwärtig und wach zu sein, so sorgfältig wie möglich zu fühlen, mit den Dingen in Berührung zu sein und zu schauen. Dies alles nicht mit dem vorab gefassten Ziel, etwas zu verändern, sondern um zu sehen und zu verstehen. Dann vielleicht werden sich die Dinge, wird sich das Leben uns enthüllen.

Es ist sehr nützlich, ab und zu die Qualität unseres Bemühens zu betrachten. Streben wir danach voranzukommen? Versuchen wir, irgend etwas zu erreichen, zu erhalten? Haben wir eine ganze Menge von ›sollte‹ und ›müsste‹ in unserer Meditation, in der Praxis? Müssen wir eigene hohe Erwartungen erfüllen? Stehen wir unter Leistungszwang? Wie gut müssen wir sein, um uns selbst respektieren zu können? Wie ist unsere innere Stimmung? Ist es ein grimmiges Sich-Durchschlagen? Oder ein lässiges Sich-Treibenlassen? Wie begegnen wir unsern Problemen, den

Verspannungen, Schmerzen, emotionellen Schwierigkeiten? Unserer Wut und Frustration? Den Gefühlen der Verlassenheit? Unsern tiefsten Bedürfnissen? Schieben wir sie weg und versuchen wir, sie zu ignorieren? Werten und urteilen wir? Werten und verurteilen wir uns selbst, weil wir so fühlen? Können wir uns öffnen für den Schmerz, für unsere Mühen?

Es bedarf der Bereitschaft hinzuschauen, zu fühlen, zu empfinden und mit der Erfahrung des Moments in Berührung zu sein – selbst wenn's schwer ist, ja besonders, wenn es schwer ist. Unsere ständigen Versuche, alles zu kontrollieren, geben wir auf. Wir haben diese Gefühle nicht bestellt, und wir können ihnen auch nicht einfach befehlen zu verschwinden. Ihr Kommen und Gehen liegt außerhalb unserer Kontrolle, ähnlich wie das Wetter, das auch tut, was es tun muss, entsprechend den atmosphärischen Bedingungen. Niemand ist verantwortlich für das Wetter. Es wäre auch lächerlich, sich damit zu identifizieren. Aber weshalb identifizieren wir uns dann mit den Geschehnissen in uns, die jenseits unserer Kontrolle liegen und die sich entsprechend ihrer Natur entwickeln?

Könnten wir all diesen Erfahrungen, besonders den schwierigen, vielleicht auch mit Liebe begegnen? Mit echter Offenheit, Sorgfalt, ja Güte? Können wir uns öffnen und sagen: »O.k., lass mich auch das fühlen«? Dies ist's, was Annehmen wirklich bedeutet. Die Erfahrungen und Gefühle zuzulassen, macht Heilung möglich: heil werden, ganz sein. Wie können wir diesem Leben anders begegnen als mit Liebe, Sorgfalt und Sanftheit, wo es doch so vergänglich und zerbrechlich ist – und zugleich so kostbar, einzigartig und wunderbar.

Schwierige Emotionen: Mittel zur Heilung

Schwierige Emotionen sind Chancen für das innere Wachstum.
Wenn wir mit unseren unangenehmen,
schmerzhaften Gefühlen richtig umgehen,
werden sie zu unseren Helfern auf dem Weg zur Freiheit.

Perspektivenwechsel

In der Warteschlange vor dem Schalter drängt sich jemand vor uns hinein – was empfinden wir dabei? Wie ist uns zumute in Situationen oder vor Problemen, denen wir uns nicht gewachsen fühlen? Wie fühlt es sich an, wenn uns ein geliebter Mensch, auf den wir Anspruch zu haben glauben, verlässt?

Wir werden oft im Leben mit Gefühlen und Emotionen konfrontiert, die lästig oder gar schmerzhaft sind; es fällt uns schwer, mit ihnen umzugehen. Die Skala reicht von alltäglichem Ärger und Frustration über Wut und Eifersucht bis zu Ängsten und anderen tiefsitzenden Gemütsbewegungen. Meist handelt es sich um eine Spielart von Verlangen und Anhaften, Ablehnung und Wut oder von unerwünschten Körpergefühlen. Man könnte auch von schwierigen Energien sprechen im Unterschied zu jenen, die uns beflügeln. Sie sind deshalb schwierig, weil sie manchmal körperliches Unbehagen verursachen, unser Bewusstsein negativ besetzen und die positiven Energien wie Freude oder Liebe zu verdrängen scheinen. Verständlich, dass wir diese unangenehmen Emotionen zu vermeiden und, wenn sie da sind, loszuwerden suchen.

Wie sollen wir mit ihnen verfahren? Sie scheinen wie Schlingpflanzen zu sein, in die wir uns verstricken und aus denen es kein Entrinnen gibt; je mehr wir uns gegen sie wehren, desto stärker umgarnen sie uns. Sind nicht sie es, die uns immer wieder vom Glücklichsein trennen? Dann würde es doch eigentlich genügen, sie abzuschneiden – und wir wären frei. Doch irgendwie misslingen diese Versuche immer wieder. Die Emotionen sitzen zu tief, als dass ihnen mit guten Absichten und festem Willen beizukommen wäre.

Ist es möglich, mit den schwierigen Gefühlen so umzugehen, dass sie keinen Schaden stiften? Oder dass sie sogar Nutzen bringen? Die Antwort lautet: Ja, eindeutig ja – sofern es gelingt, sie von einem anderen Gesichtswinkel her zu sehen, sie besser zu verstehen und ihnen näherkommen zu lernen. Dann können sie sich als Herausforderung und Chance zeigen; als Gelegenheit zum Lernen, zum Wachsen und zum Erschaffen von Unabhängigkeit und Sensibilität. Die Emotionen werden so zum Mist, auf dem das innere Gleichgewicht wachsen kann. Sie haben eigentlich zwei Seiten, eine problematische und eine hilfreiche; in der Regel kennen wir nur ihre problematische Natur. Es verhält sich mit ihnen wie mit jeder Energie: falscher Umgang kann zerstörend wirken, wie zum Beispiel Elektrizität sehr nützlich, falsch angewendet aber auch tödlich sein kann.

So geht es darum, den geschickten Umgang zu erlernen. Dann können diese Geisteszustände – seien sie angenehm oder mühsam – als das erfahren werden, was sie sind: ein Spiel des Bewusstseins, welches sein Gleichgewicht nicht im geringsten zu stören braucht. Ebenso wenig wie Wolken, Regen, Sturm und Sonnenschein den weiten Raum des Himmels zu stören vermögen.

Geschickter Umgang statt Gefangenschaft

Der Weg zu dieser Erfahrung ist ein Prozess des Gewahrseins. Er beginnt mit dem Wahrnehmen dieser Energien, entwickelt sich weiter zu Anerkennen und Respekt, dann zu Offenheit und Akzeptieren, bis schließlich sogar Wertschätzung daraus erwächst.

Der erste wichtige Schritt besteht darin, diese Energien und Geisteszustände wahrzunehmen. Dies scheint selbstverständlich, ist es aber nicht. Wir neigen dazu, gewisse Emotionen wie Wut oder Verlangen als ›schlecht‹ zu betrachten. Darin folgen wir unserer Erziehung, vielleicht auch einer späteren Konditionierung. Wir wissen um die Warnungen, Verbote und Gebote der Religionen. Vor allem, weil diese Geisteszustände meist unangenehm, ja beängstigend sind, lehnen wir sie spontan ab. Der Geist reagiert mit Widerstand und Verdrängen. Er tut, als ob es die Emotion nicht gäbe, geht darüber hinweg, ›vergisst‹ sie oder bricht sie mit Gewalt: »Nein, diese Gefühle können doch nicht wahr sein, das bin nicht ich«, oder »Ich beherrsche die Gefühle, nicht sie mich«, oder kurzum »Gefühle – nicht meine Sache!«

Wenn Verdrängen oder Widerstand nicht helfen, wird die Emotion zum Ausdruck gebracht: Wir schreien die Kinder an, lassen am Arbeitsplatz giftige Bemerkungen fallen oder hauen mit der Faust auf den Tisch ..., um nur ein paar Beispiele zum Ausdruck gebrachter Wut zu nennen. Der Handlungsablauf ist meist derselbe: Kommt eine Emotion auf, so entsteht zugleich auch der dringende Wunsch, darauf zu reagieren, etwas dagegen zu tun, sie wegzuschieben und die damit verbundene Frustration loszuwerden. Darauf folgen Verdrängung oder impulsives Handeln. Beide Reaktionsweisen sind unangemessen. Verdrängen wir die Emotionen, können sie unser psychisches Gleichgewicht angreifen und uns von innen her vergiften. Drücken wir sie dagegen in Taten aus, verstärken sie unsere negativen Tendenzen und bedeuten oft eine Zumutung für unsere Mitmenschen. Beide Verhaltensweisen sind Versuche, uns mit den schwierigen Energien nicht auseinandersetzen zu müssen. Dabei bleiben wir ihre Gefangenen.

In einer Lehrrede wird gesagt, dass es unkluge Bauern gibt, die ihren Abfall fortwerfen. Später kaufen sie Kompost und Dünger von anderen Bauern. Andere Bauern aber sind geschickt, sie sammeln ihre Abfälle ungeachtet des schlechten Geruchs und der schmutzigen Arbeit, und wenn der Dünger zur Verwendung bereit ist, streuen sie ihn auf ihr Land und ziehen daraus ihre Ernte. Ähnlich verhält es sich mit unserem ›geistigen Abfall‹, den schwierigen Emotionen und negativen Tendenzen. Wer geschickt damit umgeht, verdammt sie nicht, noch wirft er sie fort. Sie bleiben zwar

Abfall, ihr ›Geruch‹ ist einem zuwider, und doch lernt man sie nutzen – und irgendwie schätzen.

Bevor wir irgend etwas ›verwenden‹ können, müssen wir gegenwärtig sein für das, was in uns vorgeht. Achtsamkeit und Gewahrsein sind die Voraussetzungen für jede Art von Wachstum. Sind sie vorhanden, werden wir uns der verschiedenen Energien bewusst. Darum brauchen diese Emotionen zunächst einmal unsere achtsame Zuwendung. Das bedeutet nicht, dass wir sie noch weiter nähren, verstärken oder uns darin verlieren, sondern einfach, dass wir sie sehen und spüren. Damit ist etwas ganz anderes gemeint, als die Fesselung durch den schier endlosen Reigen der Bilder und Gedanken. Zuwendung bedeutet, dass die Emotion selbst zum Gegenstand der Aufmerksamkeit wird. Sich darin zu verlieren könnte dagegen etwa so beginnen: »Wie war das denn eigentlich gestern? Verriet mir doch ein Kollege, der Chef habe gesagt, das gehe mich nichts an. Dabei bin ich dafür verantwortlich, zu hundert Prozent dafür zuständig, dass diese Arbeit rund läuft. Natürlich geht's mich etwas an, total geht's mich an! Frechheit, meine Zuständigkeit zu bestreiten – der Typ wird noch von mir hören!« – So reiht der Geist Gedanken an Gedanken, Bild an Bild und spinnt daraus seine Geschichten, am farbigsten in den ruhigsten Momenten, bei der Meditation beispielsweise. Die Gedanken und Bilder nehmen die Aufmerksamkeit gefangen und tragen den Geist fort vom Hier und Jetzt. Die Emotion treibt ihr Spiel mit uns, ohne dass wir es merken.

In unmittelbaren Kontakt treten

Echte Zuwendung lässt das Vorgefallene Geschichte sein und widmet sich den Gefühlen, die jetzt vorherrschen: Beleidigung, Frustration. Wir nehmen die Emotion so wahr, wie sie sich anfühlt, vielleicht als Brennen, Druckgefühl, Verspannung, jedenfalls als ein Gefühl, das oft im Körper lokalisiert werden kann. Doch sollten wir nicht wegsehen, nicht verurteilen oder uns grämen, sondern einfach schauen, spüren und erfahren, was abläuft, zum Beispiel: »Ja, erstaunlich, was da alles hochkommt! Da ist ein Prickeln, etwas zieht sich zusammen in mir. Wut, aufwallende Hitze, brennendes

Stechen. Eine Prise Beleidigung auch, nein, mehr als eine Prise, eine ganze Schaufel voll. Man missversteht meine guten Absichten, mir kommen fast die Tränen. Einsamkeit. Würgen im Hals. Kalte Hände. Ach ja, kalte Hände. So fühlt sich das an.«

Die Absicht, sich der Gefühle bewusst zu werden und die Gefühle direkt zu erfahren, ist manchmal zweierlei. Bisweilen sind – teilweise unbewusste – Widerstände vorhanden, den Emotionen nahe zu sein. Der folgende Bericht eines Meditierenden über seine Auseinandersetzung mit Wut mag dies verdeutlichen:

»Ich hatte bereits einige Jahre in Asien meditiert und meine Lehrer unzählige Male sagen hören: ›Beobachte mit Gleichmut, was auch immer geschieht.‹ Mir war klar, dass Wut und Verlangen Ursachen des Leidens sind, und dass Achtsamkeit von Moment zu Moment diese Ursachen läutern würde. Nicht bewusst war ich mir aber der Tatsache, dass ich das, was ich für Achtsamkeit hielt, wie einen Vorschlaghammer benützte, um meine Wut zu zerschlagen und aus der Welt zu schaffen. Zwar hatte ich gelernt, dass außer einfachem, direktem Beobachten nichts weiter zu tun ist. Aber tiefer in mir drin glaubte oder fühlte etwas, dass Wut (und noch eine ganze Anzahl weiterer intensiver Gefühle) nicht vorhanden sein sollten, da ich doch hoffte, einer dieser großen Yogis zu werden. So fuhr ich fort, die Wut zu verdrängen.

Wieder zurück im Westen, begann ich intensiv mit Gestalttherapie, Bioenergetik und ähnlichen Methoden zu arbeiten. Bei dieser Arbeit malte ich einmal mit meinen nackten Händen einen riesigen Vulkan in dramatischem Rot, Gelb und Schwarz. Als wir angeleitet wurden, das Dargestellte mit Körperbewegungen und Geräuschen auszudrücken, machte mich die Therapeutin auf meine schwächliche Art aufmerksam, die Dramatik des Bildes wiederzugeben. In diesem Moment ging mir ein Licht auf. Mir war, als säße ich auf einem Vulkan von Wut. Dies war der Augenblick, wo ich die Emotion nicht mehr verdrängte, sondern wo ich sie erkannte.

In einem anderen dieser Workshops, in einem Bioenergetik-Seminar, wurde ich einmal durch einen Therapeuten in eine Notwehrsituation gebracht. Dabei ging mir auf, dass ich beim Kampf um Leben und Tod wahrscheinlich fähig wäre, jemanden umzubringen. Diese Erfahrung erschütterte mich; ich war mit den Urkräften des Daseins in Berührung gekommen und empfand die erschreckende Macht dieser Energie. So lernte ich, diese Energie anzuerkennen und zu respektieren.«

In der Meditation ist es möglich, solche Gefühle direkt und intensiv zu erfahren. Wir müssen nur bereit sein, die Wut und andere schwierige Emotionen zuzulassen, wenn sie in Erscheinung treten. Wir sehen sie als Problem an, weil wir sie als unangenehm, oder auch als schmerzhaft empfinden. Doch besonders tragisch sind sie eigentlich nicht. Sehen wir einfach zu, dass wir atmen; dass wir die unangenehme Energie im Körper fühlen. Dabei verlieren Bilder und Gedanken an Gewicht. Dann mag es sein, dass wir die Wut hautnah spüren – so nah, dass wir sie vielleicht nur noch als intensiven Fluss aus Energie und Gefühl wahrnehmen, ohne zu urteilen, unabhängig vom Inhalt. Es mag sein, dass wir diese vorher abgewehrte und als negativ empfundene Energie sogar schätzen lernen. Es sieht so aus, als sei sie im Körper oder im Geist blockiert gewesen. Nun aber ist sie befreit und kommt der ganzen Lebensenergie zugute. Ein Heilungsprozess hat stattgefunden. Das Zulassen und damit das Annehmen der unangenehmen und schmerzhaften Energien trägt in sich die Kraft zur Heilung.

All das heißt natürlich nicht, dass wir dann nie mehr wütend werden. Wut hört einfach auf, ein Problem zu sein, und verliert an beherrschender Macht in unserem Leben. Wenn wir erst einmal Frieden und Freundschaft mit diesen Gefühlen geschlossen haben, brauchen wir sie weniger zu vermeiden oder zu verdrängen und auch weniger danach zu handeln. Es ist, wie wenn wir bei Regen außer Haus gehen: sobald es uns nicht mehr stört, nass zu werden, sind wir vom Wetter unabhängig.

Mit offenem Herzen dabeisein

Das Üben von liebevoller Hinwendung (Metta/Maitri) ist eine gute Methode, der Wut und anderen Formen der Ablehnung zu begegnen. Metta direkt gegen die Wut einzusetzen, während wir wütend sind, scheint allerdings nicht sehr wirksam zu sein, weil Verspannung und Verschlossenheit die beabsichtigte Wirkung verhindern. Lassen wir es aber zu, die Wut zu fühlen, umfassen und umschließen wir sie, so ist dies eine Haltung der Offenheit und des Annehmens. Wenn wir uns erlauben, offen und ehrlich den Schmerz dieser Geisteszustände zu fühlen, antwortet der Geist ganz von selbst mit Mitgefühl. Mitgefühl, Wärme und Zuneigung schaffen eine Atmosphäre der Toleranz und der Sanftheit, welche die Wut umgibt. Diese ist damit zwar nicht aus der Welt geschafft; doch sie ist kein Problem mehr und verliert ihre destruktive Kraft.

Eine andere dieser schwierigen Energien ist das Verlangen: mehr wollen, etwas anderes wollen, nicht loslassen können. Das Verlangen gibt sozusagen den Baustoff oder das Grundmaterial für alle schwierigen Gefühle ab. Wenn es daher gelingt, beim Verlangen anzusetzen, ist schon viel gewonnen.

Wie ansetzen? Auch hier müssen wir die Emotion zunächst einmal erkennen. Sobald ein gewisses inneres Gleichgewicht da ist, kann Verlangen leicht erkannt werden. Verspannung und Unbehagen sind Signale; sie zeigen an, dass Verlangen und Haften – oder Ablehnung und Widerstand als deren umgekehrte Form – vorhanden sind.

Manchmal vergeht das Verlangen von selbst, wenn wir uns einfach zurückhalten. Etwa wie wenn man uns eine Fahrt anbietet, wir jedoch ablehnen und nicht einsteigen. Oder wie bei einem Köder, bei dem der Fisch nicht anbeißt, wenn er an ihm vorbei schwimmt. Wenn das zu schwierig ist, hilft es manchmal, sich daran zu erinnern, dass Verlangen nie dauerhaft oder gar endgültig befriedigt werden kann.

Es ist auch sehr hilfreich, die Beschaffenheit, sozusagen den Geschmack des Verlangens zu vergleichen mit dem Geschmack der Verlangenslosigkeit. Haben wir schon entdeckt, dass Verlangen im Geist gar nicht so angenehm ist? Genau genommen ist es sogar mühsam, schmerzhaft und eine Ursache ständiger innerer Unruhe. Im Gegensatz dazu fühlt sich Verlangenslosigkeit viel besser und angenehmer an: ein Zustand der Erfülltheit und Ganzheit, weil uns nichts fehlt. Wenn kein Verlangen da ist, haben wir alles, was wir brauchen. Wir haben inneren Reichtum und innere Ruhe.

Wir neigen dazu, das Angenehme mit dem Verlangen zu verwechseln, vielleicht weil dieses in enger Beziehung steht zur Erwartung von etwas Angenehmem. Seien wir uns im klaren darüber, dass das Problem nicht bei dem Angenehmen liegt. Es kann nicht die Rede davon sein, dass wir das Angenehme vermeiden müssten. Die Probleme entstehen vielmehr mit dem Verlangen nach dem Angenehmen und mit dem Haften daran.

Im Grunde genommen ist nicht einmal das Verlangen ein Problem, sofern wir fähig sind, damit zu ›sein‹, ohne uns darin zu verstricken und davon dirigieren zu lassen. Es fühlt sich einfach nicht gerade angenehm an. Das ist alles.

Manchmal hilft das alles nichts, und wir geben dem Verlangen nach. Hier ist es wiederum wichtig, dass wir weder werten noch verurteilen noch verdrängen, weil dadurch klares Erkennen erschwert wird. Vielmehr wollen wir die Gewalt und Wirkung dieser Kraft sehen und respektieren. Es ist nicht immer einfach, mit Verlangen und Begierde in enge Berührung zu kommen, fähig und bereit zu sein, genau hinzuschauen, verletzbar zu sein, sich der Emotion zu stellen, sie zu fühlen und nahe Bekanntschaft mit ihr zu schließen, ohne aus dem Gleichgewicht geworfen zu werden.

Sich aus inneren Dramen befreien

Hier ein Bericht, bei dem es um die Gefühle des Festhaltens und Anhaftens geht. Anhaften oder Behalten-Wollen ist eng verbunden mit Verlangen und Begierde.

Die Frau, mit der ich während Jahren in enger Beziehung gelebt hatte, entschied sich, unser Verhältnis endgültig zu lösen. Es war dies zu einer Zeit, während der ich in einem längeren intensiven Retreat weilte. So geriet ich in eine schwierige und schmerzhafte Situation. Ich verfügte aber bereits über genügend Einsicht, um zu verstehen, dass sich hier eine gute Gelegenheit des Lernens bot; denn Haften und Festhalten gehören zu den Wurzeln des Leidens.

Zunächst bemühte ich mich, die schwierigen Emotionen klar zu erkennen und sie nicht wegzuschieben. Da ich ein ganzes Durcheinander von Gefühlen fand, suchte ich zu klären, welche denn eigentlich vorherrschten. Ich versuchte, ihnen Raum zu geben, sie zuzulassen. Dann begann ich, sie aufzulisten, während sie auftauchten, sich ausdrückten und wieder verschwanden. Da fand ich manchmal Enttäuschung. Bisweilen war es Selbstmitleid, ein anderes Mal Wut und Empörung, während ab und zu ein Gefühl des tiefen Verlustes aufstieg. Ich entdeckte und erfühlte auch Momente echter Liebe, manchmal gar solche der Erlösung, der Unabhängigkeit und Freiheit. Im Handumdrehen gab es dann wieder Gefühle der Wertlosigkeit und solche des Nicht-Akzeptierens oder der Einsamkeit und des Sich-Ungeliebtfühlens.

Als ich die spezifische Natur jeder Emotion präziser erkannte, erlaubte mir dies, mich mehr zu öffnen. Ich erlebte diese Gefühle nun näher, intimer und direkter, und dies befähigte mich, ihre Eigenarten sehr genau zu bestimmen. Dazu beobachtete ich auch die endlos ablaufenden und sich wiederholenden Gedankenfolgen: das dramatisch-tragische »Ach, nie, nie wieder werden wir beisammen sein!«, welches das Selbstmitleid zu begleiten pflegte. Das wütende »Wer, zum Teufel, meint sie denn eigentlich, dass sie sei!«, das zusammen mit der Empörung auf die Bühne trat. Oder das selbst-zentrierte »MIR hat sie das angetan!«. Verzweiflung und Sorge waren von der Frage »Was soll ich jetzt nur tun?« begleitet.

All diese Arbeit brachte Gewahrsein und Klarheit in den ganzen Wirrwarr. Zwar war dieser Prozess schmerzhaft, aber mit der Zeit war es beinahe komisch zu beobachten, wie zutiefst abgelehnt oder wie dramatisch aufgebracht ich mich fühlen konnte. Je mehr Achtsamkeit vorhanden war, desto tiefer vermochte ich mich zu öffnen für alles, was in mir geschah – bis zu dem Punkt, wo ich jeden Geisteszustand, der gerade vorherrschte, annehmen konnte. Während die enge Berührung mit den Gefühlen wuchs, nahmen auch Geräumigkeit und Weite im Bewusstsein zu. Dadurch wurde mehr und mehr offenbar, dass alle diese Gefühle und Stimmungen flüchtig und daher letztlich substanzlos sind. Während ich diesen Prozess durchlief, entstand eine wachsende Wertschätzung für den Reichtum dieser Erfahrung; sie bot mir die Chance, an der Wurzel des Leidens zu arbeiten.

Solche Aufmerksamkeit und Sorgfalt für diese schwierigen Prozesse aufzubringen, ist in Wirklichkeit ein Akt der Liebe. Die Bereitschaft, in tiefe und enge Berührung mit unserem eigenen Leiden zu treten, ist identisch mit Mitgefühl. Wenn unser Herz verschlossen ist, bedeutet dies: Liebe und Mitfühlen fehlen. ›Unser Herz öffnen‹ will in diesem Zusammenhang heißen:

eine tiefe Beziehung zu Schwierigkeiten und Leiden herstellen. Dann wird Mitgefühl die natürliche Erwiderung sein, gleich ob wir dem Leiden in uns selbst oder bei anderen begegnen. Diese Haltung ist auf alle schwierigen Gefühle anwendbar, zum Beispiel auf Angst, Gefühle der Minderwertigkeit, der Einsamkeit; sich ungeliebt und unerwünscht fühlen; innere Unruhe, Niedergeschlagenheit, Unsicherheit; Ehrgeiz, Neid und Eifersucht, Enttäuschung; aber auch auf Körpergefühle wie Schmerz und Erschöpfung. Eigentlich sind nicht die Zustände das Problem, sondern die Tatsache, dass sie unangenehm sind, die wir ganz einfach nicht haben wollen.

Vielleicht sollte hier einmal erwähnt werden, dass in der Tat das Ziel in der Befreiung von den negativen Emotionen, in ihrem endgültigen Erlöschen besteht. Doch das verlangt viel Übung und Geduld. Vor allem werden wir unsere schwierigen Gefühle nicht los, indem wir sie bekämpfen oder unter Kontrolle zu bringen suchen. Es ist tiefe Erkenntnis, die unsere fehlerhafte, getäuschte Sicht der Dinge klären wird. Dadurch werden Verlangen und Ablehnung wie alle anderen schwierigen Emotionen letztlich versiegen, oder besser: sie entstehen gar nicht erst, weil der Geist sie nicht mehr erzeugt.

Vielerlei geschickte Umgangsweisen

Mittel und Wege, mit diesen Emotionen umzugehen, könnten – in der Reihenfolge ihrer Nützlichkeit – wie folgt zusammengefasst werden:

- Die beste Art, damit umzugehen, ist: loslassen. Sobald wir uns solcher Energien und ihrer Schmerzhaftigkeit bewusst werden, lassen wir sie einfach gehen, lassen sie fallen. So als würde uns jemand eine glühende Kohle in die Hand legte: im Moment, wo wir den Schmerz fühlen, lassen wir die Glut ohne Zögern los.
- Wenn dies nicht möglich ist und die Emotionen beharrlich bleiben, ist die nächstbeste Möglichkeit: sein lassen. ›Sein lassen‹ heißt sich öffnen, fühlen und annehmen, den geringstmöglichen Widerstand entgegensetzen.

- Manchmal sind die Emotionen zu stark und überwältigen uns. Dann können wir ihnen in unserer Phantasie Raum geben. Jedem Meditierenden ist bekannt, wie oft wir von dieser Möglichkeit Gebrauch machen. Dies ist zwar nicht unbedingt wünschenswert, aber immerhin besser, als die Emotion durch eine negative Handlung auszudrücken.
- Wir können die Energie auch auf sinnvolle Art zum Ausdruck bringen, zum Beispiel im Rahmen von Therapien, oder sie durch körperliche Arbeit oder Sport ausagieren.
- Falls all das immer noch nicht hilft, mag es nötig sein, auf die Energie einzugehen, indem wir danach handeln. Seien wir uns jedoch bewusst, dass wir dadurch die negativen Tendenzen in uns weiter stärken und möglicherweise andere in Mitleidenschaft ziehen.
- Gelegentlich werden wir sogar vom Verdrängen Gebrauch machen müssen. Wenn wir uns zum Beispiel nach einer frustrierenden Begebenheit ans Steuer setzen oder eine delikate Arbeit ausführen müssen, sollten wir die Emotion für den Moment lieber wegschieben und später auf sie eingehen.

Allgemein gilt: Je mehr wir die schwierigen Emotionen zu vermeiden suchen, desto mehr Gewalt haben sie über uns. Verdrängen oder danach handeln bedeutet, dass wir uns ihnen nicht wirklich stellen. Wir bleiben – auf der Ebene des Inhalts – darin verwickelt. Dadurch verleihen wir ihnen ständig neue Kraft. Wir versorgen sie mit der Macht, unser Leben zu beherrschen.

Je näher wir jedoch mit ihnen in Berührung sind, desto gewandter können wir damit umgehen. Sobald wir sie vollständig angenommen haben, gewissermaßen eins geworden sind mit ihnen, haben wir die Chance, eine bedeutungsvolle Entdeckung zu machen: die Emotionen werden zwar erfahren, doch es gibt keinen ›Erfahrer‹; wir sind zwar der Energien gewahr, aber da ist keiner, der ihrer gewahr ist; wir erleben wohl die Gefühle, doch ist da nicht ›jemand‹ da, der sie hat. Sowenig wie das Wetter oder die Jahreszeiten jemandem gehören, der sie erlebt, also ›hat‹. Niemand ist da, dem sie gehören könnten! Wir können auch bei nahem Betrachten des Hörens oder Sehens erkennen, dass nicht ein ›Ich‹ hört oder sieht, sondern dass einfach >Hören< oder >Sehen< stattfindet. Ebenso ist es möglich, bei engster Berührung mit den Emotionen zu erfahren, dass lediglich >Fühlen<, >Verlangen<, >Wut< oder >Angst< ablaufen, entstehend und vergehend wie die Erscheinungen des Wetters, dem Gesetz von Ursache und Wirkung folgend. Da ist nirgends ein zentrales Ich, mit dem wir uns zu identifizieren und das wir dann aufzubauen, zu pflegen und zu verteidigen hätten! Ob und wie weit wir das tun, bestimmt das Maß unserer Knechtschaft oder Freiheit. Einer Freiheit, die Offenheit, Geräumigkeit und Gleichgewicht bedeutet.

Nützlich für den Umgang mit Emotionen ist auch ein klares Verständnis von Erwartung und Befriedigung. Erwartung meint hier die Hoffnung, dass eines Tages alles ein für allemal besser sein wird; dass wir endlich die dauernde Sicherheit finden werden, wo alles ganz genau so ist, wie wir es uns immer gewünscht haben. Damit verbunden ist der Glaube, dass die Dinge des Daseins uns dauernde Befriedigung zu verschaffen vermögen.

Diese Sichtweise ist trügerisch. Ein klares Verständnis von Erwartung erkennt, dass das Wesen aller Erscheinungen die Vergänglichkeit und bedingte Abhängigkeit ist. Deshalb gibt es keine Hoffnung, dass Situationen und Dinge in einem letzten Sinn besser, sicherer und angenehmer werden. Haben wir dies einmal gesehen und vollständig akzeptiert, gibt es nichts mehr zu befürchten. Nichts kann mehr schief gehen, weder durch problematische äußere Situationen noch durch schwierige Emotionen. Angst und Hoffnung erübrigen sich! Und da alles schon dahin ist und verloren, weil es Hoffnung auf Befriedigung in diesem Sinne nicht gibt, ist alles genau richtig, o.k., so wie es ist – und wir sind frei. Um es auch positiv auszudrücken: Alles ist schon vollkommen, in jedem Moment. Allein der Mangel an Verstehen, das Verlangen und der Widerstand halten uns davon ab, uns für diese Tatsache zu öffnen; sie hindern uns, offen zu sein für diese gewaltige Perspektive mit ihrer unbegrenzten Weite und Geräumigkeit, innerhalb derer manchmal Schwierigkeiten, manchmal Harmonie erscheinen. Für beides ist genügend Raum, beides ist Teil einer umfassenden Ganzheit und Vollkommenheit.

Karma: Unser Tun wirkt

Karma ist kein blindes Schicksalsgesetz, das einmal zuschlägt und ein andermal verschont. Karma – das sind wir selber mit unsern Motivationen beim Denken, Reden und Handeln. Das Wissen um Karma gibt unserem Leben Richtung und Verantwortung.

Unser Tun wirkt

Wenn wir die Wirklichkeit betrachten, können wir sie unter zwei Aspekten sehen:

- Einerseits als offensichtliche, konventionelle Wirklichkeit, als Welt der Erscheinung: die Umwelt, die Körper- und Sinneswahrnehmungen, die Gefühle und das Bewusstsein.
- Anderseits als letzte Wirklichkeit, als die Tatsache, dass die erscheinende Wirklichkeit nicht solid oder statisch ist, sondern transparent, nicht fassbar und leer an Selbstnatur.

In diesem Kapitel geht es um die konventionelle Wirklichkeit, wie sie funktioniert und welchen Gesetzmäßigkeiten unser Dasein unterliegt, wie die Gesetze von Ursache und Wirkung sowie des abhängigen Entstehens das Leben bestimmen und wie wir durch unser Wirken unser Leben prägen. In anderen Worten: Es geht um das Gesetz des Karma.

Karma ist ein Thema, über das im Westen oft Unklarheit herrscht. Das Gesetz von Ursache und Wirkung leuchtet uns als Grundsatz zwar ein. Doch wenn es um die Auswirkungen bestimmter Handlungen auf ein zukünftiges Leben geht, wird es problematischer; denn uns fehlen direkte Wahrnehmungsmöglichkeiten. Wir können dieses Thema aber auch undogmatisch angehen, das heißt weder von vornherein an Karma glauben, noch es vorschnell und leichtfertig verwerfen. Sicher wird die Auseinandersetzung damit fruchtbar sein.

Tatsächlich können wir die Wirkung einer Handlung in der fernen Zukunft oft nicht sehr klar erkennen. Durch Achtsamkeit ist es uns aber möglich, die unmittelbare Wirkung in der Gegenwart sowohl in uns selbst als auch bei allen direkt Betroffenen, sei es Mensch, Tier oder Umwelt, deutlich zu sehen und zu erfahren. So kann uns die Kurzzeitwirkung oft einen klaren Hinweis auf den Langzeiteffekt geben: was im Moment zerstörend, lebensfeindlich oder realitätsfremd erscheint, wird in ferner Zukunft wohl kaum ein positives Resultat bringen.

Einen interessanten Hinweis auf die Langzeitwirkung momentaner Geschehnisse gibt uns die Psychologie. Wir wissen heute, dass Geburts- und Kindheitstraumen und unsere Reaktionen und Bewältigungsversuche sich prägend auf das ganze Leben auswirken können.

Des weiteren lässt sich beobachten, wie einmal gewählte Handlungen zu gewohnheitsmäßigen Mustern und Tendenzen erstarren können, die uns oft lebenslang beeinflussen. Nicht zuletzt lässt das physikalische Gesetz, wonach keine Energie im Universum je verlorengeht, darauf schließen, dass auch im Bereich des organischen und des intelligenten Lebens jegliches Tun wirkt.

Auch mag uns der Gedanke helfen, dass Menschen mit außergewöhnlich tiefer Erkenntnis das Verstehen von karmischer Ursache und Wirkung als sehr wichtig betrachten. Der Dalai Lama erklärte einmal, dass es besser wäre, die Lehre von der Leerheit aller Dinge (Sunyata) aufzugeben, als die Lehre von Ursache und Wirkung der Handlungen (Karma), wenn man zwischen beiden wählen müsste. Die Fähigkeit, Ursache und Wirkung zu bestimmen, und die daraus folgende Überzeugung seien überaus wichtig.

Die Absicht ist entscheidend

Karma heißt Handlung, Tätigkeit. Es bezieht sich sowohl auf das Tun des Körpers, auf die Rede wie auf die Tätigkeit des Geistes mit Gedanken und Emotionen. Dabei ist Karma nicht die Handlung oder Tätigkeit an sich, sondern die ihr zugrundeliegende bewusste oder unbewusste Motivation. Der folgende Vergleich mag dies verdeutlichen. Man stelle sich jemanden vor, der einem anderen Menschen mit einem scharfen Messer eine schwere Schnittwunde zufügt, um ihn wehrlos zu machen und zu berauben. Die Person stirbt. Man stelle sich nun einen Chirurgen vor, der mit dem Skalpell an einer Person Operationsschnitte ausführt, um ihr aus Mitgefühl das Leben zu retten. Die Person stirbt. In beiden Fällen eine gleichartige Handlung mit gleichem Ergebnis: die Person stirbt. Und doch, karmisch völlig verschiedene Wirkungen, weil die Motivation ganz unterschiedlich ist. Der Verbrecher handelt aus Gier und Aggression und wird damit für sich selbst eine entsprechend schmerzhafte, mühevolle karmische Wirkung erfahren. Beim Chirurgen ist hier Mitgefühl die Motivation, woraus sich ein ganz anderes, nämlich ein positives karmisches Resultat ergibt.

Wenn einer Handlung keine negative Motivation zugrundeliegt, entsteht auch keine entsprechende Wirkung. So gibt es die Geschichte des erleuchteten Mönchs zu Buddhas Zeiten, der alle Negativitäten des Bewusstseins endgültig abgelegt hatte. Er war blind, und wenn er auf und ab spazierte, geschah es, dass er Ameisen zertrat.

Andere Mönche fragten sich, ob er so nicht Karma schaffe. Der Buddha hingegen erklärte, dies sei nicht der Fall, da in seinem Bewusstsein nicht die geringste Absicht zu töten vorhanden sei. Die Bedeutung der Motivation kann also gar nicht hoch genug eingeschätzt werden. Räumen wir ihr in unseren Handlungen des Körpers, der Rede und des Geistes eine entsprechende Bedeutung ein?

Eine Eigenschaft des Karma ist seine unbestechliche, ja zwingende Wirkung. Die Vipassana-Lehrerin Ruth Denison sagte es so: »Karma means: you can't get away with nothin', darling«, mit anderen Worten: alles und jedes hat seine Wirkung. Negatives, lebensfeindliches, zerstörerisches Tun wird früher oder später zu Mühe, Schmerz, Leid und Disharmonie beim Verursacher führen. Sinnvolles, hilfreiches, lebensförderndes Tun dagegen bewirkt letztlich unweigerlich angenehme, freudvolle Resultate und Harmonie.

Der Buddha sagte es so: Wenn eine Person aus einem negativen Geisteszustand heraus spricht oder handelt, wird Leid ihr folgen, so wie das Rad des Wagens dem Ochsen folgt, der ihn zieht. Wenn eine Person aus einem positiven Geisteszustand heraus spricht oder handelt, so folgt ihr Freude, so wie ihr eigener Schatten ihr folgt.

Wir können dies auch so ausdrücken: Aus Aprikosensteinen wachsen Bäume mit süßen Aprikosen, nicht solche mit sauren Zitronen. Der Prozess von Ursache und Wirkung ist von zwingender Gesetzmäßigkeit. Dies gilt auch für all unsere Handlungen; eine jede hat ihre spezifische Wirkung, entsprechend ihrer Motivation. Aus der Zeit des Buddha wird von einem Mann berichtet, der einem erleuchteten Mönch zu essen gab – eine von Großzügigkeit motivierte Handlung. Doch schon kurze Zeit darauf bereute er, so gehandelt zu haben. Der Buddha erblickte in der Wirkung des Gebens einen Reichtum für viele Leben, während das Bedauern der guten Handlung eine geizige Veranlagung zur Folge haben würde, sowie die Unfähigkeit, sich seines Reichtums zu freuen. Erinnern wir uns bei all unserem Tun: Jede Handlung hat ihre spezifische Wirkung!

Selbst für jene von uns, die nicht einfach an Wiedergeburt glauben möchten, wird bei sorgfältigem Ergründen sichtbar, dass unsere Handlungen, entsprechend den heilsamen oder unheilsamen Absichten dahinter, auch in diesem Leben eine eindeutig prägende Wirkung auf uns selbst haben.

Abhängig entstehende Prozesse

Eine Frage, die oft gestellt wird, lautet: Wenn es kein unabhängiges Selbst und auch keine Essenz gibt, die von einem Leben zum nächsten übergeht, wie kann dann Karma überhaupt fortwirken? Wie ist die gegenwärtige Handlung mit ihrer zukünftigen Wirkung verknüpft? Wir haben im Leben so viele Gelegenheiten, bei denen wir den Prozess von Ursache und Wirkung beobachten können, dass es gar nicht so schwer fallen sollte, ihn zu übertragen. Einige Beispiele:

- Der Nussbaum: Eine Nuss fällt zu Boden, aus dem Kern sprießt ein neuer Baum, dieser wächst, und nach ein paar Jahren trägt er wieder Nüsse... Von der ersten Nuss ist nichts mehr vorhanden, keine Substanz ist hinübergegangen vom ersten zum zweiten; und doch ist das zweite ein Effekt des ersten, in Übereinstimmung mit einem gesetzmäßigen Vorgang.
- Das Siegel: Es wird in warmes Wachs gedrückt. Die exakte Form wird als Abdruck weitergegeben, und doch geht keine Substanz vom Siegel an das Wachs über.
- Die Flamme: Von einer brennenden Kerze wird die Flamme an eine andere Kerze weitergegeben. Es ist nicht dieselbe Flamme, die auf der zweiten Kerze brennt. Hinübergegangen ist die Energie, das Kontinuum der Flamme.

Somit können wir sagen, dass eine Art oder ein Moment karmischen Potentials den nächsten Moment ... und den nächsten ... bedingt, bis die Bedingungen für die Wirkung reif sind. Hier ist ein gesetzmäßiger Ablauf am Werk, ohne dass eine Substanz vom einen zum nächsten überginge. Stellen wir uns eine große Welle vor, die übers Meer zieht – über Hunderte von Kilometern ein und dieselbe Welle, und doch geht kein Tropfen Wasser diesen Weg mit! Vielmehr ist es die Kontinuität der Bewegung, die ›wandert‹.

Die Physik hat entdeckt, dass ein sogenanntes materielles Teilchen, wie zum Beispiel ein Elektron, nichts anderes ist als eine Stelle erhöhter Spannung in einem elektrischen Feld. Ein solcher ›Energieknoten‹ bewegt sich durch das umgebende elektrische Feld (d. h. durch den Raum) ähnlich wie eine Welle auf dem Meer. Daraus folgt: Es gibt nichts, was man ein und dieselbe Substanz nennen könnte, die das Elektron ist und bleibt. Es gibt tatsächlich nichts Substantielles, das vom einen zum anderen Ort überginge. Wirklichkeitsnäher ist diese Beschreibung: Bewegung findet statt, Geschehnisse laufen ab, ohne dass dabei ›etwas‹ übergeht.

Das ganze Universum ist ein eng verwobenes Netzwerk aus Geschehnissen und Bewegung, ohne eindeutige Grenzen und ohne irgendwelche unabhängige Essenz irgendwo. Jede Bewegung ist untrennbar verknüpft mit einer unbegrenzten Zahl anderer Bewegungen. Nichts geschieht in einem Vakuum oder unabhängig von allem anderen in Zeit und Raum.

Es wäre also naiv zu glauben, dass unsere Handlungen – oder irgendeine Bewegung – ohne Konsequenzen blieben – sei es in diesem einen Leben oder in möglichen folgenden. Ebenso realitätsfremd wäre es, sich so zu verhalten, als ob die Handlungen in einem Vakuum unabhängig von allem anderen stattfänden. Ganz im Gegenteil sehen und erkennen wir, dass es darauf ankommt, was wir tun, wie wir handeln: was für Karma wir schaffen. Denn dieses beeinflusst sowohl jetzt wie auch in der Zukunft unsere eigene Erfahrung, die Erfahrung anderer Menschen sowie die ganze Mitwelt.

Zehn unheilsame Handlungen

Der Buddha erwähnte zehn Arten des Tuns, die schwierige und leidvolle Folgen bewirken. Es sind dies alles Taten, die negativen Motivationen entspringen. Auch hier fehlen uns direkte Beweismöglichkeiten. Doch wenn wir beobachten und fühlen, was in uns und um uns herum geschieht, während wir solche Handlungen ausführen, können wir aufschlussreiche Entdeckungen machen.

Als erstes werden drei Arten körperlicher Handlungen genannt:

- Töten und Verletzen von Lebewesen;
- nehmen, was uns nicht gehört;
- sexuelle Beziehungen, durch die wir andere verletzen.

Denken wir zum Beispiel daran, welche Gewalt und wieviel aggressive Energie aufgewendet werden, um zu töten. Die zerstörerische Wirkung auf das Opfer ist offensichtlich. Es ist aber auch schwer vorstellbar, dass solches Tun keine destruktive Wirkung auf den Täter selber haben sollte.

Danach werden vier Formen des Redens mit leidvoller Wirkung aufgeführt, die einer negativen Motivation entspringen:

- Lügen, Unehrlichkeit, die Unwahrheit sagen;
- Verleumdung, Schlechtes über andere sagen;
- grobes, verletzendes Reden;
- Klatsch und sinnloses Geschwätz.

Wenn wir genau beobachten, wie sich diese Redens-Arten anfühlen und was sie bei uns selbst und bei anderen bewirken, werden uns ihre destruktiven Folgen von selbst bewusst.

Schließlich drei Arten der Geisteshaltung mit leidvollen Folgen:

- Begehren, Habsucht: absichtlich Dinge zu begehren, die anderen gehören;
- Feindschaft: absichtlich Hass und Feindschaft gegen andere hegen;
- falsche Ansichten: deren eine wird traditionell dargestellt als unkorrekte Ansicht über Buddha, Dharma, Sangha. Dies bedeutet das Verneinen der Möglichkeit der inneren Freiheit (Buddha), des Sinns von spiritueller Praxis (Dharma) und des Wertes der gegenseitigen Unterstützung all jener, die sich auf dem Weg zur Befreiung befinden (Sangha). Die andere falsche Ansicht bezieht sich auf Karma und Wiedergeburt und meint für uns das Verneinen der gesetzmäßigen Beziehung zwischen Handlungen und ihren Wirkungen. Dabei geht es überhaupt nicht darum, in einem dogmatischen Sinne den ›rechten Glauben zu besitzen‹ oder sich der Moral gemäß zu verhalten, noch geht es um Belohnung und Strafe in diesem oder einem anderen Leben. Vielmehr bedeutet die richtige Ansicht ein tiefes Verstehen der Wirklichkeit und damit die Erkenntnis dessen, was Glück und was Leiden bewirkt.

Heilsames Tun

Wie es zehn ungeschickte, unheilsame oder eben negative Handlungen gibt, werden auch zehn positive Handlungen erwähnt: das absichtliche, willentliche Unterlassen der zehn negativen Verhaltensweisen. Diese heilsamen Handlungen werden ›Sila‹ genannt, was sich mit ›moralischer Integrität‹ umschreiben lässt. Sila ist das Fundament eines jeden geistigen Wachstums. In einem weiteren Sinn geht es dabei nicht nur um das Unterlassen des karmisch negativen Tuns, sondern um eine Transformation:

– Vom Nicht-Verletzen zum Helfen und Heilen;
– vom Nicht-Stehlen zum Geben und Dienen;
– vom Nicht-Lügen zu Ehrlichkeit, Klarheit und Erkenntnis.

Die Transformation kann noch umfassender sein, indem sie Liebe und Mitgefühl sowie Mitfreude einbezieht. Dazu gehört der Wunsch nach Glück und Freiheit vom Leiden für alle Lebewesen, sowie die Fähigkeit, sich an den Qualitäten, am Talent, am Glück, am Erfolg anderer zu erfreuen. Aber auch – was wir oft kaum wagen! – sich auch der eigenen Qualitäten zu erfreuen. Tibetische Lehrer erinnern uns oft daran, dass Mitfreude die vielleicht leichteste, freudigste und stärkste Praxis ist, in der wir uns üben können. Es gibt ständig Gelegenheiten, uns über das Glück und Wohlergehen anderer, über ihr Gutsein sowie über unsere eigenen Qualitäten zu freuen. Die Übung besteht darin, dass wir lernen, uns der Welt und den Mitmenschen zuzuwenden.

Noch wirkungsvolleres heilsames Karma entsteht in der Meditation, wenn wir uns bemühen, achtsam zu sein sowie Sammlung und Erkenntnis zu vertiefen. Dann sind Wachstum, Verständnis und Weisheit auf allen Ebenen möglich.

In den traditionellen buddhistischen Texten sind viele Beispiele zu finden, die aufzeigen, welche Arten von Handlungen welche Resultate hervorbringen. Ohne hier die ganze Liste durchzugehen, lässt sich doch festhalten: grundsätzlich ist das Resultat stets der Handlung ähnlich, die das Resultat verursachte. So ist zum Beispiel Gewaltlosigkeit und Nicht-Verletzen von Gesundheit, Wohlbefinden, Frieden und Vertrauen gefolgt. Begehren und Geiz werden in Armut und der Unfähigkeit zu genießen resultieren, während Großzügigkeit zu Fülle führt.

Wir selbst erschaffen unsere Zukunft

Wenn wir die Beispiele innerhalb dieses unseres Lebens überprüfen, können wir zwar nicht behaupten, dass die Beziehung von Ursache und Wirkung in dieser Form immer zutrifft. Aber wir können beobachten, wie unsere Handlungen gewisse geistige Qualitäten und die Tendenz dazu fördern und verstärken: wenn ich mich oft gewalttätig und verletzend verhalte, wird mein Geist immer aggressiver und weniger ausgeglichen; mein inneres Wohlbefinden nimmt ab. Ständiges Begehren und Kleinlichkeit bewirken in diesem Leben eine Atmosphäre der Armut, während ein sich öffnender und großzügiger Geist innere Zufriedenheit und Fülle erfährt, selbst in äußerer Armut.

Auf diese Art schaffen wir unsere Zukunft. Das bedeutet auch, dass unsere jetzige Situation ein Ergebnis unserer früheren Handlungen ist. Daran sollten wir uns besonders auch dann erinnern, wenn wir Schwierigkeiten erleben, die von anderen verursacht sind. Wenn wir das Karma-Prinzip vergessen, neigen wir dazu, andere für unsere Probleme verantwortlich zu machen. Sind wir uns dagegen bewusst, dass wir die Früchte unseres eigenen Tuns ernten, werden wir weniger die anderen beschuldigen, als vielmehr uns selbst dafür verantwortlich machen. Ja, wir können den anderen sogar dankbar sein, dass sie uns die Gelegenheit bieten, unser negatives Karma aufzubrauchen; überdies ermöglichen sie uns, Geduld und Mitgefühl zu üben.

Die Gefahr kann bestehen, dass die Lehre von karmischer Ursache und Wirkung zu einer fatalistischen Haltung führt: »Wir sind dem Schicksal ausgeliefert, weil alles schon karmisch vorbestimmt ist.« Das ist jedoch eine negative und falsche Sicht des Prinzips von Ursache und Wirkung.

Vielmehr liegt unsere Zukunft in unserer Hand – jetzt! Nicht in dem Sinne, dass wir versuchen, möglichst jetzt das Beste und in großer Menge für uns zu erreichen und zu besitzen; vielmehr indem wir in jedem Moment des Denkens, Redens und Handelns alles mit Liebe und großer Sorgfalt tun. Das ist es, was unsere Richtung, unsere innere Entwicklung und Zukunft bestimmt.

Eine hinduistische Lehre besagt, wir sollten uns bemühen, unsere schwarzen Ketten loszuwerden, indem wir uns mit Hilfe unserer goldenen Ketten emporziehen. Danach aber werfen wir beide Ketten ab und sind frei. Das will heißen, kein unheilsames Karma (schwarze Ketten) und damit kein Leiden mehr zu schaffen und statt dessen heilsames Karma (goldene Ketten) und damit Wohlergehen zu erzeugen. Schließlich aber liegt Freiheit weder in dem einen noch in dem anderen, weder in schlechtem noch in gutem Karma; denn beide sind Ketten. Freiheit wird nicht verursacht, sie ist unerschaffen, nicht-bedingt. Gleichwohl spielt die Art unseres Handelns, Redens und Denkens eine entscheidende Rolle. Traditionell ist dies oft mit dem folgenden Bild illustriert worden: Wenn wir träumen, sind wir völlig in der Handlung des Traumes gefangen; wir können alles erleben, von Terror bis zu Ekstase. Aber sobald wir aufwachen, wissen wir: es war einfach ein Traum. Ob's schön war oder schlimm, nichts als ein Traum, und nun sind wir wach und frei davon. Doch solange wir träumen, können wir schöne Träume haben oder Alpträume. Welche Art von ›Traum‹ unser Leben sein wird, hängt von dem von uns geschaffenen Karma ab – von unserem eigenen Denken, Reden und Tun – also letztlich von uns selbst.

Loslassen und Weggeben

Ohne Verlangen zu sein fühlt sich an wie kühler Schatten nach brennender Sonne. Loslassen macht frei, Geben heißt Fülle.

Verlangen ist endlos – Loslassen befreit

An einem Ort, an dem sich der Buddha aufhielt, lebte eine Bettlerin. Jeden Tag erhielt sie etwas von Buddhas Mahlzeit. Eines Tages wartete sie wieder und verlangte nach Essen, doch der Buddha ließ sie wissen: »Wenn dir heute die Nahrung dargeboten wird, sagst du ›nein‹ und lehnst ab. Erst dann kannst du sie bekommen.« Die Frau merkte, dass ihr dies fast unmöglich war. Noch nie in ihrem Leben hatte sie ›nein‹ zu etwas gesagt, das sie hätte bekommen können. Es heißt, dass sie, als sie es endlich aussprechen konnte, eine außergewöhnliche Erfahrung von Erleichterung und Befreiung gemacht habe.

Verlangen ist eine Haltung der inneren Armut. Es äußert sich in dem Gefühl, immer noch auf etwas zu warten, weil die gegenwärtige Situation nie ganz gut genug ist. Immer fehlt mindestens ein Mosaikstein zur momentanen Ganzheit, zum Glück. Ist er endlich gefunden, fehlt wie von Zauberhand plötzlich ein anderer Stein, und das Spiel kann von vorne beginnen, endlos.

Demgegenüber ist Verlangenslosigkeit eine Haltung der Weiträumigkeit im Geist, die sich in Genügsamkeit und Zufriedenheit äußert. Sie fühlt sich an wie ein kühler Schatten nach brennender Sonne. Sie haftet nicht und ›klebt‹ nicht am Objekt, gleich einem Wassertropfen auf einem Seerosenblatt: er fließt ab, ohne eine Spur von Nässe zu hinterlassen. Verlangen und

Haften dagegen verhalten sich gegenüber dem Objekt wie ein Tropfen Öl auf einem Fließblatt.

Nun bedeutet Verlangenslosigkeit aber mehr als nur die Abwesenheit negativer Kräfte. Vielmehr ist sie ein sehr positiver Geisteszustand, der sich auf zweifache Weise ausdrückt: einerseits durch Loslassen, So-sein-Lassen, unbeschwerten Verzicht – dem passiven Aspekt der Verlangenslosigkeit; er entspringt aus dem Verstehen, dass Verlangen und Haften Leiden bewirken. Anderseits hat Verlangenslosigkeit den aktiven Aspekt der Großzügigkeit, Offenherzigkeit und Freigebigkeit, die durch Liebe und Verbundenheit motiviert sind. Für beide Aspekte gibt es charakteristische Handgesten: die sich öffnende Hand für das Loslassen, das Ausstrecken der offenen Hand für die Großzügigkeit. Welch ein Unterschied zur Geste des Greifens und An-sich-Ziehens, welche die Haltung des Aneignens und Festhaltens kennzeichnet!

Wir wenden uns zunächst dem passiven Aspekt zu, dem Seinlassen und Loslassen. Verzicht ist in unserer Gesellschaft nicht besonders populär; oft verbinden wir damit Gefühle der Frustration und des Verlusts. Tatsächlich entstehen solche Gefühle, wenn wir glauben, wir ›sollten‹ oder ›müssten‹ verzichten, beispielsweise um ›gut‹ oder ›heiliger‹ zu sein, oder um Schuldgefühle zu vermeiden. Solches Loslassen erwächst jedoch nicht aus Erkenntnis und gelebter Erfahrung. Darum ist es erzwungen, unnatürlich und schmerzhaft. Im Gegensatz dazu entsteht das echte, spontane Loslassen aus Verstehen und Erkenntnis. Stellen wir uns vor, jemand lege ein Stück glühende Kohle in unsere Hand. Gewiss erwägen wir nicht lange, ob wir nun loslassen sollen oder nicht. Im gleichen Augenblick, da wir den Schmerz fühlen, lassen wir die Kohle ohne Zögern blitzschnell fallen. Eine solches Verhalten ist hier mit Loslassen gemeint. Es setzt voraus, dass wir wach, gegenwärtig und sensibel sind. Dann fühlen wir auch, dass Verlangen und Anhaften schmerzhaft ist. Wir sehen, verstehen und lassen spontan los. Gleichzeitig verschwindet auch der Konflikt. Eine solche Haltung befreit und macht offen.

Loslassen als Praxis

Obschon das Loslassen und Aufgeben aus der Erkenntnis kommen muss, kann es geübt und gefördert werden. Dazu gibt es eine Reihe erprobter Methoden:

- Verhaltensregeln anwenden und Zurückhaltung üben. Klassische Regeln, die ein ideales Übungsfeld bilden und das Loslassen und Aufgeben unterstützen, sind:
- nicht verletzen und nicht töten;
- nicht nehmen, was uns nicht gehört;
- kein verletzendes Verhalten in sexuellen Beziehungen;
- Essen, Medikamente, Drogen nicht missbrauchen.

Wir wenden diese Verhaltensregeln an, üben uns darin und schauen, wie sie auf uns und unsere Umgebung wirken. Wir werden erkennen, dass durch das Loslassen unser Leben einfacher und klarer, aber auch harmonischer wird. So lernen wir, dem Leben gegenüber sensibel und aufmerksam zu sein. Wir werden uns der entstehenden Atmosphäre von Respekt, Wertschätzung und Vertrauen bewusst und merken: im Leben gibt es so viele Dinge, die wir gar nicht unbedingt haben oder tun müssen! Dabei werden wir außerdem innerlich reicher und freier.

– Lernen, unabhängig und selbstgenügsam zu sein. Vor allem Mönche und Nonnen, wie auch Teilnehmende an Retreats, arbeiten mit sexueller Enthaltsamkeit als einer Gelegenheit zu lernen, sich selbst zu genügen und von anderen unabhängig zu sein. Dabei wird klar, dass Sinnesbefriedigung und die Bestätigung durch Partner oder Partnerin nicht unerlässlich sind, um Ganzheit zu erfahren. Zurückhaltung oder gar Verzicht können als Mittel dienen, sich darin zu üben, immer wieder loszulassen.

– Einfachheit. Wieviel und was genau brauchen wir, um glücklich zu sein? Sind wir um so glücklicher, je mehr wir haben, erhalten und besitzen? Oder sind wir um so glücklicher, je weniger wir haben? Oder hängt Glücklichsein vielleicht von etwas anderem ab? Von unserem Geisteszustand oder von unserer Haltung? Was brauchen wir wirklich im Unterschied zu dem, was wir alles haben möchten?

Materiell gibt es so etwas wie die vier Notwendigkeiten. Der Buddha erwähnte sie, um Mönchen und Nonnen zu zeigen, was sie wirklich brauchten und was nicht. Danach sind zum materiellen Überleben lediglich Essen, Kleidung, Obdach und Medizin erforderlich. Dieser Hinweis kann auch für unsere Lebensführung von Bedeutung sein.

Bekannt ist auch Tolstois Erzählung ›Wie viel Erde braucht der Mensch?‹ Ein Mann sollte so viel Land erhalten, wie er von Sonnenaufgang bis Sonnenuntergang umschreiten könnte. Er machte sich auf den Weg und sah unterwegs hier eine feuchte, fruchtbare Niederung, dort noch ein Stück guten Bodens, um darauf Flachs zu pflanzen. Er lief und lief, um möglichst viel Land umschreiten und damit besitzen zu können. Als die Sonne bereits tief stand, hatte er einen großen Besitz erlaufen. Aber er hatte sich dermaßen angestrengt, dass er bei Sonnenuntergang tot umfiel. »Sein Diener«, schreibt Tolstoi, »grub für ihn ein Grab. Es war drei Ellen lang, gerade so groß wie er selber vom Kopf bis zu den Füßen maß. So viel Land wurde ihm zuteil – als Grab.«[6] So viel Erde braucht der Mensch – zum Stehen, Sitzen, Liegen und zum Ruhen im Grab.

Natürlich brauchen wir auch einige Dinge mehr psychologischer und geistiger Natur, so zum Beispiel das Gefühl der Verbundenheit mit dem Leben. Wir brauchen Liebe und Zuneigung, wenigstens ab und zu. Wir brauchen Sinn; wenn das Leben seinen Sinn verliert, werden wir deprimiert, wir welken dahin. Trotzdem – was wir wirklich brauchen, ist nicht sehr viel, und das meiste davon ist hier im Westen für die meisten von uns recht leicht zu bekommen.

– Verbales Loslassen, indem wir nichts sagen, was nicht wahr ist oder was Leiden schafft. Dinge äußern, die nicht wahr sind, heißt die Realität verfehlen und die Verbindung verlieren zu dem, was wirklich ist. Eine solche Haltung ruft Diskrepanz und Unausgeglichenheit hervor. Unwahrheit bewusst vermeiden, heißt, in Bezug bleiben zur Wirklichkeit, zur Wahr-

6 Leo Tolstoi, Wieviel Erde braucht der Mensch? Artemis, Zürich/München.

heit. Mit Worten verletzen schafft Leid und Konflikt; indem wir Verletzen bewusst vermeiden, können Friede, Vertrauen und Verbundenheit entstehen.

Ein bedeutsamer Aspekt der verbalen Zurückhaltung ist das Schweigen. Vor allem in meditativen Situationen trägt es dazu bei, die Bewegungen des Geistes klar sichtbar zu machen und die Stille des Geistes zu ermöglichen. Auch kann es den Raum und die Weite schaffen, die uns erlauben zu merken, wie wenig wir eigentlich zu sagen bräuchten, wie wenige Dinge wirklich wichtig sind im Leben und wie leicht und unbeschwert wir durchs Leben gehen könnten.

Die Erde beschützen

Einige Aspekte der Einfachheit sind heute besonders wichtig: unsere Ansprüche an die Umwelt, an den Planeten Erde. Wir müssen uns fragen:

Wie viele Tierfelle und wieviel Leder brauchen wir, um uns zu kleiden?

Müssen Tiere geschlachtet werden, damit wir gut essen können?

Wieviel Seife und Reinigungsmittel benötigen wir für Sauberkeit?

Wieviel Insektenvertilger und chemischen Dünger, um unsere Nahrungsmittel zu kultivieren?

Wieviel Energie, um Heizungen, Apparate, Maschinen und Verkehrsmittel zu betreiben?

Wieviel Chemie und Medizin, um gesund zu bleiben?

Wie viele Bomben, Panzer und Flugzeuge, um unser Land zu sichern?

Auf diese Fragen gibt es nicht immer einfache Antworten. Um unsere Antworten zu finden, brauchen wir Gewahrsein, Sensibilität und Verantwortungsbewusstsein. Oft ist die Lösung auch hier eine Frage des Loslassens, vielleicht des Verzichts. Gandhi sagte: »Lebe einfach – damit andere einfach leben!«

Leicht und unbeschwert

Leichtigkeit und Unbeschwertheit gehören zu den angenehmsten Folgen des Loslassens. Kurz vor dem Tod eines Zen-Meisters scharten sich dessen Schüler um ihn in der Erwartung, seine letzte Belehrung zu empfangen. Jemand brachte ein Stück seiner Lieblingstorte. Er aß: »Ah, wie köstlich!« Und starb.

– Inneres Loslassen. Damit ist gemeint, an unseren Ansichten und Meinungen, Rollen und Selbstbildern, ja auch an unsern Gewohnheiten nicht festzuhalten. Der Geist, der voll ist von Anschauungen und Meinungen, wird auch verglichen mit einem mit Schlamm gefüllten Gefäß. Es gibt darin keinen Platz für klares Wasser; es ist uns nicht mehr möglich, die Dinge so wahrzunehmen, wie sie wirklich sind. Manchmal wird uns erst in der Meditation bewusst, wie randvoll und ruhelos unser Geist ist. Nicht dass wir keine Ansichten mehr haben sollten. Aber wir brauchen sie nicht mehr für unumstößlich wahr und wirklich zu halten. Unser Haften an diesen Meinungen, die Identifikation damit schafft Leid. Halten wir uns vor Augen, wie viele Kriege geführt worden sind wegen unterschiedlicher Ansichten, angefangen beispielsweise bei den Kreuzzügen des Mittelalters bis zu den ideologischen Auseinandersetzungen der letzten Jahrhunderte! Streit um Anschauungen und ungeschicktes Austragen von Meinungsverschiedenheiten sind auch auf individueller Ebene weit verbreitet. Es geht, wie gesagt, nicht darum, eigene Meinungen oder Selbstbilder zu verdrängen. Aber wir sollten sie sehen als das, was sie sind, nämlich eben nur Meinungen und, oft genug, einseitige, leicht veränderbare Sichtweisen einer umfassenden Wirklichkeit. Wenn wir also ihre relative Natur erkennen und sie damit realistischer betrachten, lockert sich auch unser fester Griff, und wir können sie leichter loslassen. Dabei erfahren wir, wie unser Leben einfacher und unbeschwerter wird.

In der Meditation geht es in dieser Beziehung um das Loslassen von Gedanken, Emotionen und Inhalten. Manchmal bedeutet das auch einfach, die inneren Prozesse mit Gewahrsein ablaufen zu sehen und einfach sein zu lassen, ohne sich darin zu verlieren oder sich davon gefangen nehmen zu lassen. Dabei erkennen wir sie als das, was sie sind, nämlich einfach Gedanken, Emotionen und Vorstellungen in sich endlos wandelnden Formen. Was es mit dem Loslassen und Aufgeben auf sich hat, fasste der thailändische Meditationsmeister Ajahn Chah besonders eindrücklich zusammen:[7]

»Handle aus einem Geist, der nichts festhält.
Erwarte keinen Lohn und kein Lob.
Wenn du ein bisschen loslässt, erfährst du ein bisschen Frieden.
Wenn du viel loslässt, erfährst du viel Frieden.
Wenn du völlig loslässt, erfährst du völligen Frieden und völlige Freiheit, und dein Kampf in der Welt wird beendet sein.«

Rundum großzügig

Loslassen ist der ›passive‹, Geben und Großzügigkeit der ›aktive‹ Aspekt der Verlangenslosigkeit. Großzügigkeit ist vielleicht der schönste Ausdruck des Lebens überhaupt. Halten wir uns vor Augen, wie vielfältig die Möglichkeiten des Gebens sind:

- Wir können zum Lebensunterhalt oder Überleben anderer beitragen, indem wir Nahrung, Kleidung, Unterkunft, medizinische Versorgung oder Geld geben.
- Wir bieten Schutz den Bedrohten, Schwächeren und Minderheiten. Wir gewähren Zuflucht den Obdachlosen, Ausgeschlossenen und politisch Verfolgten. Wir können Tiere schützen und uns für den Schutz der Umwelt einsetzen.
- Auch Heilen ist eine Form des Gebens: starke positive Gedanken können heilen. Ein versöhnendes Wort, aber auch ein aufmunterndes Lachen, Hilfeleistung im rechten Moment oder tatkräftige Zuwendung, vermögen Wunden zu heilen.

7 Ajahn Chah, Ein stiller Waldteich. Theseus, Berlin. House Wheaton, Ill., USA.

- Wir können auch geben, indem wir unterstützen, dienen und helfen. Wir wenden Zeit und Aufmerksamkeit für andere auf, machen Zuwendungen, arbeiten für sie. Anstatt in Arbeit und Beruf lediglich ein Mittel zur Bestreitung unseres Lebensunterhalts zu sehen, betrachten wir auch unsern beruflichen Alltag unter dem Gesichtswinkel des Gebens. Dadurch wird unsere Arbeit sinnvoller, und wir leisten sie freudiger und dynamischer.
- Wir teilen das, was wir wissen, mit anderen, geben weiter, was wir können, und lassen andere aus unsern Erfahrungen Nutzen ziehen. Dazu gehört auch, dass wir bereit sind, von jenen zu lernen, die wir lehren – sonst findet keine Kommunikation statt. Außerdem sollten wir nichts weitergeben, worum nicht gebeten wurde oder wofür das Interesse fehlt, gleich wie tiefgründig und hilfreich unsere Erfahrungen und Erkenntnisse auch sein mögen. Geben ist nicht Aufdrängen und nicht Missionieren!
- Bei der Meditation kann Loslassen darin geübt werden, dass wir einerseits unseren Tagträumen entsagen, unser dauerndes Krisenmanagement sein lassen und die Erfahrungen annehmen, wie sie sind. Anderseits üben wir Geben, indem wir uns dem Moment und seiner Erfahrung hingeben und uns völlig aufgeben. Dabei geben wir – zuerst vielleicht nur für Augenblicke – unsere Gewohnheit auf, die Gedankenfäden weiterzuspinnen, und wenden uns der direkten Erfahrung des Augenblicks zu.

Wie geben wir?

Wir wollen genau schauen, auf welche Art wir geben. Von oben herab als die Besitzenden gegenüber den Armen? Etwa wie damals in der Sonntagsschule, wo es ein Kästchen gab, auf dem ein kleines schwarzes Kind stand; warf man eine kleine Münze ein, nickte das Negerlein artig. Betrachten wir uns als die Wissenden und Erfahrenen, die den Unwissenden Nachhilfestunden erteilen? Fühlen wir uns als die Stärkeren, die Gefolgschaft suchen? Oder geben wir, der Anerkennung willen: »Schaut nur, wie großzügig der immer ist!«?

Oder geben wir wie ein Kaufmann, nämlich in der Erwartung, dafür einen Gegenwert zu bekommen? Es gibt eine ganze Anzahl subtiler Untertöne beim Geben, denen allen gemeinsam ist, dass sie unter dem Mantel des Altruismus vor allem der Bestätigung und Stärkung des Ego dienen.

Geben wir aus Freude am Geben? Können wir aus einer Selbstverständlichkeit des Mitgefühls und der Liebe heraus geben, wo immer etwas benötigt wird, so wie die Sonne einfach scheint? Oder wie die Hand dem Mund ein Stück Brot gibt, wie die Beine den Körper tragen, ganz selbstverständlich. Ohne die Idee oder das Gefühl, dass da jemand jemandem etwas gibt, sondern wie das Leben, das dem Leben – das heißt sich selber – gibt.

Alle diese Arten des Gebens sind gut, sehr gut! Geben ist eine ständige Übung, aber niemals eine Pflichtübung. Geben ist eine Praxis, die zudem noch Freude bereitet, uns selbst wie auch den anderen. Im Grunde genommen geht es dabei nicht so sehr um die Handlung an sich, sondern um einen Geisteszustand. Großzügigkeit ist eine Qualität des Geistes. Sie ist vollkommen, wenn Erkenntnis das Geben bestimmt.

In einem letzten Sinne ist niemand da, der gibt, und niemand ist da, der empfängt; ja die Gabe selbst ist – leer. Die Illusion des Getrenntseins wird durchschaut, tiefe Verbundenheit und Fülle des Seins wird erfahren. In diesem Verständnis ist Geben am stärksten und wirkungsvollsten. Khalil Gibran lässt den Propheten über das Geben sprechen:[8]

»Es gibt jene, die wenig geben von dem vielen, das sie haben –
und sie geben es um der Anerkennung willen.
Ihr verborgenes Begehren verdirbt ihre Gaben.
Es gibt jene, die wenig haben und alles geben.
Es gibt jene, die glauben an das Leben und des Lebens Gaben,
und ihr Kasten ist nie leer.
Es gibt jene, die mit Freude geben, und jene Freude ist ihr Lohn.
Es gibt jene, die mit Schmerzen geben, und jener Schmerz ist ihre
Taufe.

8 Khalil Gibran, Der Prophet. Walter, Olten/Freiburg i.Br.

Und es gibt jene, die geben und keinen Schmerz beim Geben kennen,
weder Freude dabei suchen, noch im Bewusstsein der Tugend geben.
Sie geben so, wie drüben im Tal die Myrte ihren Duft in den Raum verströmt.
Durch ihre Hände spricht Gott, und aus ihren Augen strahlt sein Lächeln auf Erden.«

Stellen wir uns einmal eine Welt vor, in der alle damit beschäftigt sind zu geben, zu heilen, zu teilen und zu helfen, anstatt zu versuchen, soviel wie möglich an sich zu raffen, zu beschlagnahmen, zu besetzen, zu besitzen und zu beherrschen. Wir würden nach wie vor pflanzen, ernten, produzieren, Handel treiben und – mit Maß – konsumieren. Das wäre ganz ähnlich wie jetzt und doch unvorstellbar verschieden von den heutigen Verhältnissen. Eine Utopie? Gewiss braucht die Menschheit, um diesem Zustand näherzukommen, noch viel inneres Wachstum. Doch jemand muss damit anfangen, ein inspirierendes Beispiel zu geben. Oder sollen wir damit zuwarten, nur weil die anderen es auch nicht tun? Müssen wir wirklich endlos fortfahren zu glauben, für unser Wohlergehen hätten wir den Gesetzen des Verlangens und der Habgier blind zu folgen? Dies könnte ja noch einigermaßen in Ordnung sein, wenn es uns wenigstens echte Freude und wahres Vergnügen bereiten würde. Doch leider trifft das überhaupt nicht zu. Großzügig zu sein macht so viel mehr Spaß als an sich raffen! Loslassen und Gelöstheit machen uns frei, lassen uns Fülle und Freude erfahren. Wenn alles losgelassen, wenn alles weggegeben ist, gibt es nichts, absolut gar nichts mehr zu verlieren. Das ist das Ende der Angst, und das bedeutet Freiheit.

Erscheinung und Leerheit

Die Welt der Erscheinungen und Formen als wirklicher zu nehmen, als sie ist, und uns damit zu identifizieren, ist die Ursache von Beschränkung und Leiden. In dem Maße, in welchem wir die wahre Natur aller Erscheinung erkennen, sind wir frei.

Unauffindbare Essenz

In den USA, wo Universitäten manchmal die Größe einer Kleinstadt annehmen können, wurde ein ausländischer Gast zu einer Besichtigung geladen. Man stellte ihn Professoren vor, zeigte ihm verschiedene Gebäude mit Labors und Hörsälen, Häuser mit Studentenwohnungen, Restaurants, Bibliotheken, Parks und Anlagen – kurz, die ganze Hochschule in ihrer Vielfalt und Größe. Von seiner kleinen Heimatstadt in Europa wusste er, dass die Universität ein einzelnes großes Gebäude ist. Als der Rundgang beendet war, stellte er deshalb die Frage: »Und wo ist nun eigentlich die Universität?«

Seine an sich naive Vorstellung, eine Universität sei ein einziges Gebäude, weist aber letztlich auf einen ganz zentralen Punkt hin: Wo ist nun ›Universität‹ wirklich? Gibt es in einem letzten Sinn irgend etwas, von dem man sagen könnte: dies hier ist ›Universität‹.

Dieses Beispiel führt uns mitten ins Thema: Welche Bedeutung und Funktion haben Formen, Rollen und Bezeichnungen? Wie nehmen wir sie wahr, und wie gebrauchen wir sie in unserem Leben? Haben wir die Tendenz, uns darin zu verwickeln, so dass sie uns beengen und einschränken? Ist es möglich, ihr Wesen zu erkennen und frei zu sein?

Betrachten wir einmal einige äußere Formen, zum Beispiel ein Retreat. Diese Einrichtung ist nützlich und hilfreich für einen bestimmten Zweck, nämlich das Üben der Meditation. Ein Retreat besteht aus den äußeren Gegebenheiten, gegenseitigen Abmachungen und entsprechendem Verhalten aller Beteiligten. Dazu gehören Haus und Umschwung, Stundenplan, Mahlzeiten, Sitzen, Schweigen, sowie Personen, die ihre Rollen als Meditierer, Köche, Lehrende usw. spielen. Das Ganze bezeichnet man richtigerweise als ›Retreat‹. Dabei hätte man aber Schwierigkeiten, auf irgendeines dieser Elemente zu zeigen und zu behaupten: »Das ist das Retreat.« Wie beim Beispiel der Universität können wir auch hier fragen: Wo ist nun eigentlich das Retreat?

Formen sind nützlich

Ganz klar – Formen und Bezeichnungen sind sinnvoll und nützlich. Wir brauchen sie, um Probleme zu lösen und das Zusammenleben erträglich oder überhaupt möglich zu machen. Richtlinien, Regeln, Gesetze, Bräuche, Traditionen, Gewohnheiten sind Beispiele solcher Formen. Auch Symbole, Bezeichnungen, Titel, Signete und Zahlen sind Formen oder Konventionen. Eine der komplexesten und zutiefst prägenden Formen ist das Denken und somit die Sprache. In gewissen buddhistischen Schulen wird gar unsere ganze Erscheinungswelt als ein dichtes, komplexes Netz von Abmachungen und Konventionen gesehen; deshalb wird sie konventionelle Wirklichkeit – im Unterschied zur letzten Wirklichkeit – genannt. Den Konventionen ist gemeinsam, dass sie entstanden sind, um Arbeit, Spiel, Kommunikation, Zusammenleben, ganz einfach unser Leben zu ermöglichen. Über diese Aufgabe hinaus haben sie keine Bedeutung, keine Funktion und keinen anderen Sinn! Sie beziehen ihre Bedeutung ausschließlich aus bestimmten Situationen zu bestimmten Zeiten – nicht mehr als das! Deshalb müssen wir die Relativität der Formen und Einrichtungen sehen und durchschauen.

Wenn wir die konventionelle mit der letzten Wirklichkeit verwechseln, das heißt: wenn wir das Gefühl für die Relativität der Formen verlieren, dann werden diese oft zu Hindernissen, Gefängnissen und Begrenzungen; sie werden zu Problemen und erzeugen Leiden. Verlieren wir die Relativität des Gebrauchs und der Bedeutung solcher Formen aus den Augen, heißt das: wir sehen die Formen nicht einfach als Mittel zum Zweck, sondern messen ihnen einen Selbstzweck bei. Wir verleihen ihnen eine unabhängige Bedeutung und verstehen und behandeln sie, als existierten sie in sich selber oder durch sich selber.

Der Sinn von Formen

Ein weiteres Beispiel mag dies verdeutlichen. In Asien ist es selbstverständlich, dass man bei der Meditation am Boden sitzt, und zwar aus dem einfachen Grund, weil es dort üblich und außerdem praktisch ist; Stühle sind wenig verbreitet. Diese äußere Form ist so selbstverständlich, dass niemand sie bemerkt. Schwierig kann es werden, wenn bei uns jemand die äußere Form mit dem Sinn verwechselt.

Der Sinn des Bodensitzens besteht darin, möglichst geerdet, aufrecht und gleichzeitig entspannt und komfortabel zu sitzen. Quälen wir uns am Boden in verkrampfter und schmerzvoller Sitzhaltung, so bemühen wir uns zwar um eine äußere Form, verfehlen aber ihren Sinn. Denn an der Form des Bodensitzens ist gar nichts Besonderes. Etwas Besonderes ist dagegen daran, gewahr, geerdet und entspannt zu sein.

Deshalb sollten wir uns überall, in Alltag, Beziehungen, Beruf und Politik, immer wieder fragen: Was ist der Sinn einer Form, einer Einrichtung? Wozu ist sie da? Was ist ihre Essenz? Ist sie sinnvoll – gerade jetzt?

Damit sei keineswegs angedeutet, dass wir Formen oder Abmachungen aufgeben sollten, sobald wir sie als schwierig oder unkomfortabel empfinden. So ist zum Beispiel das Schweigen im Meditationskurs zwar auch ›nur‹ eine Form, jedoch sehr wirkungsvoll zur Vertiefung der inneren Stille. Darum ist Schweigen in dieser Situation sehr wesentlich – besonders auch dann, wenn es schwierig erscheint. Es beschützt unsere Praxis und die der anderen. Andererseits wäre es nicht sinnvoll, nach dem Retreat heimzugehen und – was es auch schon gegeben hat – unsere Konversation mit

Notizbuch oder Schiefertafel zu führen, nur um die vorher hilfreiche Form des Schweigens beizubehalten. Auch das Schweigen kann zu einer sinnentleerten Form werden.

Ebenso mag eine Form des Verhaltens und der Erscheinung in der einen Kultur sinnvoll und nützlich, in einer anderen jedoch lächerlich und seltsam sein. So gibt es in Indien Sadhus oder wandernde Asketen, die nackt herumlaufen, ihren Körper mit Asche beschmieren und von Erbetteltem leben. Wie viel Entsagung, Loslassen und Gleichmut braucht es, um Hunger, Durst, Kälte und die Unsicherheit der Besitz- und Hauslosigkeit zu ertragen! Ganz gewiss handelt es sich hier um eine anspruchsvolle Praxis, und wir verstehen, dass alle religiösen Hindus diese Form sehr respektieren und unterstützen; denn sie wirkt in dieser Umgebung inspirierend. Stellen wir uns nun einen nackten Asketen bei uns in einem Einkaufszentrum vor. Vermutlich würde diese Form statt zur Inspiration hier eher zu einem Problem!

Alle diese Beispiele weisen auf die Relativität der Formen hin, die sinnvoll sind allein in Bezug auf eine bestimmte Funktion und Situation. In sich selbst sind sie bedeutungslos, und tatsächlich werden sie außerhalb eines angemessenen Zusammenhangs oft zum Problem. Sind wir uns der Relativität und Leerheit der Formen bewusst? Wie sehr haften wir an ihnen?

Rollen spielen, statt sie zu ›sein‹

Eine Form besonderer Art ist die Rolle. Auch sie ist sinnvoll, soweit sie sich auf bestimmte Funktionen bezieht. In unserem Leben spielen wir eine ganze Reihe von Rollen: als Eltern und oft gleichzeitig auch als Töchter oder Söhne, als Lehrerinnen wie als Schüler, als Vorgesetzte sowie Untergebene; oder auch als Spaßmacher, Einzelgängerin, Exzentriker – was immer es damit auf sich haben mag. Wie andere Formen, so sind auch Rollen sinnvoll in Bezug auf eine bestimmte Situation oder für einen bestimmten Zweck. Die Rolle einer Mutter gegenüber ihrem kleinen Kind ist sinnvoll; jene eines Verkehrspolizisten an einer verkehrsreichen Kreuzung ist nützlich; als Lehrer zu wirken, um Wissen, Können und Erfahrung weiterzugeben, ist sinnvoll und angemessen, wie auch die Rolle der Lernenden. Ein angemessener Gebrauch von Rollen stellt überhaupt kein Problem dar, ja es ist sogar sehr wichtig, unsere verschiedenen Rollen klar zu erkennen und sie nach bestem Können zu spielen, gleich einem Schauspieler auf der Bühne, der Fähigkeit und Können, ja sein ganzes Wesen in eine Rolle legt.

Das Problem fängt dort an, wo wir uns mit einer Rolle zu identifizieren beginnen. Ein Schauspieler hat vielleicht während längerer Zeit den Hamlet sehr erfolgreich gespielt; nun fängt er an, sich selbst als Hamlet zu sehen, in seinem Privatleben Hamlets Gestik und Vokabular zu gebrauchen und sich mehr und mehr mit dieser Figur zu identifizieren. Noch schwieriger wird es, wenn der Darsteller allmählich auch von anderen erwartet, ihn als Hamlet zu betrachten. Das klingt zwar überspitzt, entspricht aber oft genau unserem eigenen Rollenverhalten oder unseren Rollenerwartungen gegenüber anderen.

- Wenn eine Frau fortfährt, gegenüber ihrem 33jährigen Sohn weiterhin die Rolle der Mutter eines Zehnjährigen einzunehmen, wird's schon recht mühsam.
- Benimmt sich ein Polizist auch zu Hause, gegenüber Frau und Kindern, wie ein Polizist, dann wird sein Rollenverständnis zum Problem.
- Einem tibetischer Lehrer, von dem man wusste, dass er zeitlebens nie intime Beziehung zu einer Frau gehabt hatte, wurden Fragen über sexuelle Beziehungen gestellt. Hier handelt es sich ganz einfach um eine falsche Rollenerwartung, indem seine unbestrittene Kompetenz als Lehrer für ein bestimmtes Gebiet unbesehen auf andere Bereiche übertragen wurde. Würden wir einen alten Weisen aus dem Himalaya, der Jahrzehnte seines Lebens in der Meditation verbracht hat und gerade in einer Großstadt angekommen ist, um Autofahrstunden bitten, nur weil er ein großer Lehrer ist?

All das mag übertrieben klingen. Aber allzu oft haben wir unangemessene Rollenerwartungen, oder wir ›sind‹ unsere Rolle, anstatt sie zu spielen. »Ich bin ein Sozialarbeiter!« »Ich bin eine Ärztin!« »Ich, der Weltenbummler.« Wie sehr identifizieren wir uns mit solchen Etiketten? Ram

Dass hat den Unterschied so erklärt: Eine Rolle spielen gleicht dem Anziehen eines Pullovers; sich damit identifizieren würde heißen: Ich ›bin‹ dieser Pullover.

Wer bin ich wirklich, eigentlich, letztlich? Kann ich auch nur annähernd durch eine Rolle, einen Namen oder einen Titel umschrieben werden? Eine der problematischsten Identifikationen ist das Selbstbild. Ob positiv oder negativ, fast immer ist es wertend und urteilend. Das negative Selbstbild lautet zum Beispiel:

- »Ich bin einfach eine unkreative Person.«
- »Ja weißt du, ich bin halt nicht sehr begabt.«
- »Ich bin sowieso immer eine Verliererin.«

›Jemand‹ sein

Bisweilen hat man den Eindruck, dass negative Selbstbilder sogar als tugendhaft empfunden werden; so mag jemand mit einem gewissen Stolz feststellen, wie schwach, wie aggressiv oder dumm er oder sie doch sei. Das negative Selbstbild ist eine der schlimmsten Beschränkungen und Entwertungen, die wir uns antun können. Dies bedeutet, ein lebendes Wesen, einen lebendigen Organismus mit seinen vielfältigen, phantastischen Möglichkeiten in irgendein schäbiges kleines Kästchen einzuschließen. Klar, dass unter diesen Umständen das eigene Potential nicht verwirklicht werden kann!

Etwas besser mag es uns mit unseren positiven Selbstbildern ergehen:

- »Ich bin ein guter Künstler!«
- »Ich bin eine seriöse Meditiererin.«
- »Ich bin ein leidenschaftlicher Liebhaber.«
- Oder ein spirituelles Selbstbild: »Eigentlich bin ich doch eine so bescheidene und selbstlose Person!«

Dazu erzählt Ram Dass die folgende Geschichte:[9] »Eines Tages stürmte ein Rabbi in einem Anfall religiöser Inbrunst in eine Synagoge, fiel auf seine Knie und begann mit den Fäusten auf seine Brust zu schlagen mit dem Ausruf: ›Ich bin nichts, ich bin niemand!‹ Der Kantor der Synagoge, durch diesen Akt spiritueller Demut beeindruckt, schloss sich dem Rabbi an, fiel auf seine Knie und rief auch: ›Ich bin niemand, ich bin niemand!‹ Der Tempeldiener, der alles aus einer Ecke beobachtet hatte, konnte sich nun auch nicht mehr zurückhalten. Er gesellte sich den beiden zu, fiel auch auf die Knie und rief aus: ›Ich bin niemand! Ich bin niemand!‹ Worauf der Rabbi den Kantor anstieß und, zum Tempeldiener zeigend, sagte: ›Schau an, wer sich für einen Niemand hält!‹«

Wo immer zuviel ›Jemand‹ ist, haben wir ein Problem. Aber auch mit zuviel ›Niemand‹ haben wir eines! Egal wie positiv oder negativ unser Selbstbild ist, stets ergibt sich daraus eine Verfestigung und Beschränkung; daran zu glauben heißt: uns zu Gefangenen machen wie im Märchen von der Prinzessin, die wie die meisten Märchenprinzessinnen sehr schön war. Doch eine alte Hexe erzählte ihr, wie hässlich sie anzusehen sei. Die Prinzessin glaubte daran, wollte sich deshalb nicht mehr blicken lassen und schloss sich in ihrem Gemach ein. So wurde sie zur Gefangenen ihres Selbstbildes. Eines Tages, nach vielen Jahren, erblickte sie in einem Wasserbecken ihr Spiegelbild, und sie wurde ihrer eigenen Schönheit gewahr. Erst jetzt konnte sie die Tür wieder aufschließen. Indem sie ihr Selbstbild durchschaute, war sie frei.

Beschränkung, ja Knechtschaft entsteht durch den Glauben an die Realität unserer Bilder, Ideen und Vorstellungen über uns selbst und andere. Freiheit entsteht durch das klarere Sehen der Wirklichkeit: indem wir das, was Bezeichnungen, Ideen und Selbstbilder zu beschreiben versuchen, als lebendige Wirklichkeit sehen und fühlen. Wir wollen dies mit Liebe tun und diese Wirklichkeit das sein lassen, was sie ist, mit Wertschätzung für die relative Bedeutung von Formen und Rollen bezüglich der momentanen Situation. Das bedeutet zugleich, dass wir der Leerheit und letztlichen Realitätslosigkeit von Formen und Rollen gewahr sind. Sie haben keine Existenz in sich selber, sondern nur in Bezug auf ihre Funktion. Damit ver-

9 Ram Dass, Paul Gorman, Wie kann ich helfen? Sadhana, Berlin.

neinen wir nicht die Wirklichkeit von Formen und Rollen, sondern können sie nutzen, uns an ihnen freuen und uns in ihnen bewegen entsprechend der einzigartigen Konstellation eines jeden Augenblicks.

Das folgende Beispiel mag dies alles nochmals verdeutlichen. Eine Frau ist ausgebildet als Ärztin, hat sich spezialisiert als Chirurgin und nimmt im Spital Operationen vor; das heißt, sie ist Chirurgin. Zu Hause, wenn sie sich mit ihren Kindern beschäftigt, übt sie nicht die Rolle einer Chirurgin aus. Somit ist klar: sie ›ist‹ nicht Chirurgin, doch es ist in Bezug auf ihre Rolle im Spital korrekt, sie so zu nennen. Hier wird vorerst die Relativität der Rolle sichtbar. Angenommen, die Chirurgin verliert nun durch einen schweren Unfall die Fähigkeit zu operieren, so werden beide, Rolle und Bezeichnung, bedeutungslos, ja unkorrekt. Dabei handelt es sich in all diesen Situationen um denselben Menschen: beim Studium, in der beruflichen Tätigkeit, zu Hause und nach dem Unfall. Wo ist nun eigentlich die ›Chirurgin‹? Es erscheint wie ein Spuk: zuerst scheinen Rolle und Bezeichnung einer konkreten Wirklichkeit zu entsprechen, schauen wir dann genauer hin, können wir sie letztlich nicht finden.

Formen, Rollen und Bezeichnungen als wirklicher zu sehen, als sie sind, uns mit ihnen zu identifizieren und daran zu haften, ist die Ursache von viel Leiden, Enttäuschung und Verzweiflung. Können wir das erkennen? Wann immer wir irgendeine Identität annehmen, so seien wir uns ihrer ausschließlich relativen und konventionellen Natur und ihrer ausschließlich momentanen Funktion bewusst – sonst bekommen wir Probleme. Ram Dass erzählt eine Geschichte über Identität: »In einer Tageszeitung in Seattle erschien das Bild eines Mannes hinter Gittern. Die Legende besagte, dass er mit einem Aktenkoffer voller Ausweise und Visitenkarten verhaftet worden war, die ihm alle eine andere Identität verliehen. Die Polizei hatte festgestellt, dass keine dieser Identitäten stimmte. Das Problem lag darin, dass sie nicht herausfinden konnte, wer er wirklich sei. Der Mann sagte: ›Sie sind diejenigen, die mich verhaftet haben. Es ist ihr Problem festzustellen, wer ich bin. Ich weiß, wer ich bin.‹ Der Polizeiwachtmeister sagte: ›Dieser Mann hat unser System untergraben.‹[10]

10 Ram Dass, Paul Gorman, Wie kann ich helfen? Sadhana, Berlin

Identifikation durchschauen befreit

Weshalb identifizieren wir uns so oft und so sehr mit unseren Rollen und Titeln? Zum einen steckt wohl ganz einfach unsorgfältige und nicht sehr bewusste Wahrnehmung dahinter. Diese bezieht sich oft vorwiegend auf Bilder, Ideen und Vorstellungen, auf Namen und Bezeichnungen statt auf die lebendige Wirklichkeit eines Menschen, ohne dass wir uns dieses Vorgangs bewusst sind. Zum anderen scheint die Identifikation uns etwas Wünschenswertes zu verschaffen, sonst würden wir sie nicht mit solcher Ausdauer und Konsequenz betreiben. Sie kann uns zum Beispiel das Gefühl verleihen, ›jemand zu sein‹. Vielleicht wähnen wir uns auch mehr angenommen, respektiert oder geliebt. Oder möglicherweise fühlen wir uns stärker und glauben, wir hätten alles unter Kontrolle. Die Identifikation kann uns auch ein Gefühl der Sicherheit verschaffen; wir glauben zu wissen, woran wir sind, können uns auf alte, gewohnte Verhaltensmuster verlassen und werden nicht herausgefordert. Darum wollen wir auch unsern eigenen Status und den der anderen kennen. Wenn wir im Spital plötzlich merken, dass es der Abwart ist und gar nicht der Arzt (oder umgekehrt), dann ändert sich für manche von uns etwas. Wir möchten wissen, wer wer ist – sonst müssten wir uns plötzlich von Mensch zu Mensch geben, und das wäre dann doch etwas riskant!

Oft beziehen wir uns auf Rollen, Bilder und Vorstellungen aus reiner Gewohnheit. Es ist komfortabler so, braucht weniger Anstrengung. Aber es fühlt sich auch nicht sehr lebendig an, sondern festgefahren, beschränkt, und daraus entsteht ein beengender, lebloser und meist problematischer mitmenschlicher Umgang. Nochmals: Rollen mehr Wirklichkeit zuzuschreiben, als ihnen zukommt, verursacht Schwierigkeiten. Bilder (auch Selbstbilder) und Vorstellungen als real zu betrachten und an sie zu glauben, schafft großes Leiden.

Nicht-Selbst

Als letztes wollen wir eine uns sehr naheliegende ›Form‹ betrachten, nämlich die Person selbst: ›ich‹. Ähnlich wie andere Formen ist auch die Person ein Zusammenwirken unzähliger Elemente, allerdings viel lebendiger als ›Universität‹ oder ›Retreat‹. Wir finden

- den Körper mit seinen Teilen und Organen;
- Sinne, die sehen, hören, riechen, schmecken, ertasten und empfinden;
- Gefühle, die fühlen;
- Emotionen, Kreativität und Willenskräfte, die wirken;
- Wissen, das weiß, Denken, das denkt;
- Bewusstsein, das bewusst ist.

Das Ganze nennen wir ›Ich‹ oder ›Paul‹. Das ist völlig korrekt und verursacht keine Probleme – solange wir uns darüber im Klaren sind, dass nichts da ist, von dem man sagen kann: dies hier ist nun ›Ich‹ oder ›Paulheit‹, ist unveränderlich, wirklich und kann festgehalten werden. Dabei ist es aber völlig korrekt, die betreffende Erscheinung ›Ich‹ oder ›Paul‹ zu nennen. Genauso ist es korrekt, ein Retreat ›Retreat‹ zu nennen, obschon genauso wenig etwas da ist, von dem sich behaupten ließe: dies hier ist nun ›Retreat‹ selbst.

Wenn wir also von Nicht-Selbst (anatta) sprechen, so will das nicht etwa besagen, dass wir nicht existieren, sondern dass wir nicht so existieren, wie unser getäuschter Geist dies wahrnimmt. Tatsächlich wird unsere falsche ›Ich‹-Wahrnehmung durch ein tief verwurzeltes Identifikationsgefühl unterstützt und bestätigt. Wir haben die feste Tendenz, an diese Täuschung zu glauben und uns mit diesem ›Ich‹ völlig zu identifizieren. Unser ganzes Leben dreht sich ums Wohl dieses illusorischen Selbst: Es erhalten! Es bestätigen! Es stärken! Es befriedigen! Es verteidigen mit allen Mitteln! Es gibt Menschen, die schrecken nicht vor Krieg, Terror und Zerstörung zurück, um diesem einen Ziel zu dienen.

Aus der Blindheit, dem Nichtverstehen, kommt die Identifikation, aus ihr entspringen Verlangen und Haften sowie Aversion, und daraus ergibt sich Samsara, der endlose Kreislauf von Konflikt, Mühe und Leiden.

Es ist entscheidend, richtig zu verstehen, wie Heilung zu finden ist. Man hört etwa den Ausspruch: »Ich muss endlich mein Ego loswerden.« Das wäre etwa dasselbe, wie wenn sich jemand von einer störenden Fata Morgana befreien möchte. Es ist absurd zu versuchen, eine in Wirklichkeit leere Erscheinung loswerden zu wollen. Das Problem sitzt anderswo; es entsteht aus der Identifikation mit etwas, das gar nie existiert hat! Um die Identifikation zu durchschauen, brauchen wir klares Sehen, Bewusstheit, Erkenntnis; und zu diesem Zweck sind Interesse, Gewahrsein und genaues Beobachten notwendig. Wir üben und entwickeln klares Sehen und tiefere Erkenntnis durch das Mittel der Meditation.

Können wir die Illusion eines unabhängig in sich selbst existierenden Ich sowie die scheinbar autonome Selbst-Existenz aller Formen und Erscheinungen des Daseins durchschauen? In dem Maße, wie uns dies gelingt, sind wir frei!

Liebe und Mitgefühl: Die Natur des Geistes ist gut

Liebe und Mitgefühl sind seit jeher da.
Wir brauchen sie lediglich zu entdecken
und den Kontakt damit aufzunehmen.

Bedeutungslos ohne die Liebe

So wie ein Vogel zwei Flügel braucht, um sich in die Luft zu schwingen und fliegen zu können, ermöglichen uns zwei Qualitäten des Geistes, unser inneres Potential zu entfalten: einerseits ist es die Erkenntnis der wahren Natur allen Seins, anderseits sind es Liebe und Mitgefühl sowie die Verbundenheit mit allem Leben; zusammen führen sie zu innerer Freiheit und Ganzheit.

In der Vipassana-Meditation üben wir beide Geistesqualitäten. Klares Beobachten und Sehen einerseits lässt uns das Wesen allen Daseins tiefer und tiefer erkennen. Durch eine nicht wertende, aber wertschätzende Haltung anderseits öffnen wir uns dem Leben. Offenheit und Akzeptieren sind wesentliche Aspekte der Liebe und bedeuten, ja zu sagen zum Leben, jede Erfahrung willkommen heißen. So sind wir fähig, lebende Wesen – uns mit eingeschlossen – anzunehmen, zu schätzen und zu lieben.

Liebe ist also eine Haltung; eine innere Haltung, die wir frei wählen. Sie ist viel mehr als einfach nur ein ›angenehmes Gefühl‹. Zwar fühlt sie sich vielleicht nicht immer so gut an, ist aber viel umfassender. Der ganze Weg der Meditation ist bedeutungslos ohne die Liebe.

Wo finden wir Liebe und Mitgefühl? Oft scheint nicht allzuviel davon vorhanden zu sein, weder bei uns noch bei anderen. Hier gibt die buddhistische Sicht der Natur unseres Geistes einen interessanten und ermutigenden Hinweis. Nämlich: die eigentliche Natur unseres Geistes ist gut. In einem grundlegenden Werk der buddhistischen Psychologie wird eine ganze Gruppe von Geistesfaktoren oder Zuständen des Geistes als ›schön‹ oder ›wunderbar‹ bezeichnet. Es sind dies Qualitäten, die zu Harmonie, Glück und Freiheit führen. Man könnte auch von heilsamen Geisteszuständen sprechen. Dazu gehören Liebe, Mitgefühl, Großzügigkeit, Weisheit, und viele andere. Interessanterweise werden sie negativ umschrieben, also: Nicht-Hass für Liebe, Nicht-Verlangen für Großzügigkeit, Gewaltlosigkeit für Mitgefühl. Dies weist darauf hin, dass der Geist bei Abwesenheit von Hass, Verlangen oder anderen negativen Zuständen nicht einfach ›neutral‹ oder ›blank‹ ist; vielmehr kommt dann seine grundlegend gute Natur von selbst zum Vorschein. Wenn also Hass fehlt im Geist, ist Liebe da. Ist Verlangen abwesend, so ist Großzügigkeit da. Ohne Verblendung ist Weisheit da. Der Geist in seiner ursprünglichen Natur ist wunderbar. Eine höchst positive Vision des menschlichen Geistes!

Daraus folgt, dass wir die guten Qualitäten nicht erst in den Geist einpflanzen und danach aufziehen müssen, ja wir könnten dies gar nicht tun. Vielmehr sind sie schon immer da, wir brauchen sie lediglich zu entdecken und den Kontakt damit wieder aufzunehmen.

Man könnte die negativen Geistesqualitäten wie Hass oder Verlangen, welche die Ursachen unserer Konflikte und des Leidens bilden, mit Verdunkelungen oder Wolken vergleichen, und den Geist mit der Weite des Himmels. Der Himmel ist blau, die Sonne scheint. Manchmal aber entstehen Wolken, Stürme, Nebel. Trotzdem scheint die Sonne immer noch am blauen Himmel, doch wir merken dies nicht, weil wir Nebel und Wolken als einzige Realität sehen und die umfassendere Wirklichkeit von Sonne und weitem Himmelsraum vergessen. In gleicher Weise ist uns auch die umfassendere, wunderbare Wirklichkeit des Geistes nicht bewusst.

Diese Wirklichkeit zu erkennen, schafft Vertrauen. Wir können unserem eigenen Geist trauen; er ist grundlegend heil, ganz und gut. Wir sind daher nicht von Grund auf ›nicht gut genug‹, ›schlecht‹, ›sündig‹, und brauchen uns nicht mehr oder weniger erfolglos abzumühen, um uns dieser Existenz würdig zu erweisen. Wir dürfen mit einer Grundlage in Kontakt treten, die stimmt und die gut ist, und ihr vertrauen. Welch befreiende Perspektive!

Die Liebe pflegen

Wenn wir uns als Modell eine schrittweise Entwicklung vorstellen, können wir das Bild vom Pflanzen und Wachsenlassen einer Blume aus einem Samen gebrauchen. Wir sorgen dafür, dass die Pflanze genügend gute Erde, Sonnenlicht und Wasser bekommt. Wachsen, sich entfalten und blühen besorgt sie von selbst. Wir müssen uns daher nicht um unser inneres Wachstum bemühen, sondern gegenwärtig und wirklich hier sein; gänzlich das sein, was wir eigentlich schon sind. Wachsen und Blühen kommt dann von alleine.

Wenn alles, was es zum inneren Wachstum braucht, schon da ist – was können wir denn noch tun? Wir können der Pflanze Zuwendung schenken, sie mit guter Erde umgeben, sie gießen, ans Licht stellen, in anderen Worten: Achtsamkeit und Gewahrsein von Moment zu Moment üben, jede Erfahrung willkommen heißen, statt ihr mit Festhalten oder Widerstand zu begegnen. Raum schaffen und offen sein für die Erfahrung eines jeden Moments. Dies ist eine Haltung des Annehmens und der Liebe. Annehmen bedeutet, offen sein gegenüber Situationen und Erfahrungen, während Liebe Offenheit gegenüber Lebewesen ist. Annehmen und Liebe sind im Grunde genommen ein und dieselbe Haltung.

Was meinen wir, wenn wir von Liebe sprechen? Liebe ist die Geistesqualität der Offenheit, der Wertschätzung und des mitfühlenden Interesses. Nun gibt es eine ganze Skala von Liebe, angefangen bei der Liebe als Gegengeschäft (»ich bin liebevoll zu dir, sofern du auch liebevoll zu mir bist«) bis hin zur bedingungslosen Liebe. Wir sollten mit jener Liebe anfangen, die wir haben, und nicht zu idealistisch und anspruchsvoll sofort Franz von Assisi gleichsein wollen. Beginnen wir mit dem, was vorhanden ist, auch wenn Haften und Verlangen darin mit enthalten sein mögen. Manchmal meinen wir, Liebe müsse ein fließendes, angenehmes

Gefühl sein. Oft ist sie aber eher wie ein Entschluss zu einer bestimmten Haltung. Wir üben nicht ein Gefühl oder eine Stimmung; vielmehr üben wir Akzeptieren, inneres Gleichgewicht und Geduld gegenüber Situationen sowie liebevolle Zuwendung gegenüber Lebewesen.

Das Wort ›Metta‹ bedeutet ›Liebe‹ oder ›Güte‹ und lässt sich als sanfte und tiefe Art Zugewandtheit verstehen. In einem engeren Sinn bezieht sich Metta auf die Lebewesen und drückt sich aus im Wunsch, dass sie alle – mich selbst eingeschlossen – glücklich sein mögen, während Mitleiden und Mitgefühl (›Karuna‹) identisch ist mit dem Wunsch, dass alle Lebewesen frei seien von Leid.

›Metta‹ meint letztlich die bedingungslose Liebe, die unabhängig von den Umständen einfach da ist; offen, fürsorglich und bereit, dort zu sein, wo sie gebraucht wird, ohne Erwartungen zu haben oder Bedingungen zu stellen. Diese Qualität wird mit der Sonne verglichen, die, ohne zu werten, in alle Richtungen auf alles strahlt, was ist; oder mit der Spiegelung des Mondes im Wasser: der Mond beabsichtigt nicht, sich im Wasser zu spiegeln. Er hängt und klebt nicht daran. Das Wasser hat nicht die Absicht, den Mond zu spiegeln. Es hält den Mond nicht fest. Die Spiegelung ist absichtslos und vollkommen.

Metta-Meditation

Wir haben eine Möglichkeit erwähnt, um das Wachstum der Blume zu unterstützen, damit sie zum Blühen kommt: Achtsamkeit üben, offen sein für die Erfahrung eines jeden Moments und für alle Lebewesen. Eine andere Möglichkeit ist die Übung der Metta-Meditation. Sie fördert eine Haltung der Liebe, macht sie gegenwärtig. Eine wichtige Voraussetzung dazu ist das Vergeben. Wir versuchen, allen zu verzeihen, von denen wir uns verletzt fühlen. Manchmal glauben wir, Groll oder Missgunst einfach nicht – oder nicht ganz – loslassen zu können. In diesem Fall sollten wir so ehrlich sein zu prüfen, ob es daran liegt, dass wir möglicherweise nicht wirklich loslassen wollen. Um anderen vergeben zu können, ist es notwendig, uns selbst zu vergeben, man könnte auch sagen: uns angenommen zu fühlen.

Das mag manchmal noch schwieriger sein, als andere anzunehmen. Doch das Gefühl von Selbstrespekt und -wertschätzung ist die Grundlage, wenn wir auch andere Menschen akzeptieren und schätzen wollen.

Vergeben heißt loslassen können und sagen: es ist o.k., es ist nun wirklich o.k.! Wie aber halten wir es diesbezüglich mit uns selbst? Was wollen wir uns nicht vergeben, ja haben wir vielleicht niemals in Betracht gezogen zu vergeben? Das kann sehr, sehr viel sein. Wie oft kommt in der Metta-Meditation zum Ausdruck, wie schwer es für viele von uns ist, sich wirklich anzunehmen. Vergegenwärtigen wir uns einmal unsere Fehler und jene Charakterzüge, die uns nicht passen: zum Beispiel unsere Oberflächlichkeit, die uns daran hindert, den Dingen auf den Grund zu gehen; Ungeduld und Wut, die Kurzschlußhandlungen bewirken; oder unser ›taktvolles‹ Verhalten, bei dem wir spüren, dass es eigentlich Mangel an Zivilcourage ist. Ohne diese Charakterzüge zu beschönigen: können wir sie uns vergeben? Wir werden natürlich weiterhin daran arbeiten. Doch inneres Wachstum ist nur durch Zuwendung und Annehmen möglich, nicht jedoch durch Verurteilen.

Wir leben, ja wir sind das Leben selbst. Genügt das nicht, um uns selbst Wertschätzung und Respekt entgegenzubringen? Ein Neugeborenes muss auch nicht erst Erwartungen und Ansprüche erfüllen, um Zuwendung und Anerkennung zu erhalten. Auch einem Sterbenden zollen wir spontan Respekt. Aber uns selbst? Unser ganzes Leben lang meinen wir, uns und anderen beweisen zu müssen, dass wir zu etwas taugen, den Erwartungen genügen und des Respekts würdig sind. Soweit uns dies nicht gelingen will, müssen wir zeitlebens alles Erdenkliche vollbringen, um die anderen zu veranlassen, uns zu respektieren – wie anstrengend! Wie viel einfacher wäre es, wenn wir uns diesen Respekt selber schenken könnten. Hier müssen wir beginnen, bevor wir hohe Ideale von großer Liebe für alle Lebewesen zu verwirklichen trachten.

Nachdem wir Vergebung und Selbstannahme geübt haben, stellen wir uns bei der Metta-Meditation eine Person vor, die wir gut leiden mögen und gegenüber der wir Vertrauen und Respekt empfinden. Dabei kann es hilfreich sein, sich den Gesichtsausdruck, typische Gesten oder Worte dieser Person zu vergegenwärtigen, um eine emotionale Beziehung herzustellen. So ist es leicht, Zuwendung und positive Gefühle zu entwickeln. Wenn uns das gelungen ist, stellen wir uns einen Menschen vor, der uns gleichgültig ist. Das kann jemand sein, den wir schon lange kennen; aber es würde uns nicht auffallen, wenn es ihn nicht gäbe. Hier versuchen wir, Liebe oder doch wenigstens Anerkennung und Respekt zu entwickeln. Wir können uns eine Situation vorstellen, wo wir spüren, dass auch dieser Mensch Leben vergegenwärtigt, nicht leiden will, respektiert werden möchte, nach Glück sucht.

Wenn uns auch dies gelungen ist, stellen wir uns eine Person vor, die wir nicht mögen. Der Versuch, dieser Person Liebe entgegenzubringen, könnte uns überfordern. Aber ist es uns vielleicht möglich, ihr gegenüber ein Gefühl von friedlicher Koexistenz zu entwickeln? Fangen wir wieder mit Anerkennung an: »Auch er oder sie ist ein Mensch mit Empfindungen wie ich, den ich respektiere, so wie ich mich selbst achte – trotz negativ erscheinender Eigenschaften.«

Bei allen drei Übungen kommen wir immer wieder zurück zum eigenen Herzen, bleiben in Kontakt mit uns selbst, gleich welchen Menschen wir visualisieren. Liebe heißt in jedem Fall, nichts zu erzwingen, sondern immer wieder alles mit einzuschließen – selbst unsere Verschlossenheit, Widerstände, Lieblosigkeiten. Hier kann sich Liebe ausdrücken, indem wir auch den Widerständen gegenüber weiter Metta üben. Statt gegen unsere Aversion oder Langeweile anzukämpfen, machen wir den inneren Raum noch weiter und schließen auch diese Negativitäten mit in unsere Zuwendung ein.

Ein Gefühl der Verbundenheit und der Einheit mit dem Leben können wir auch durch Kontemplationen entwickeln. Vor allem die tibetische Tradition kennt eine Reihe recht stark wirkender Vergegenwärtigungen.

Abhängig von allen Lebewesen

Eine davon ist die Betrachtung unserer Abhängigkeit von allen Lebewesen. Wir sind praktisch in allem, was wir haben und benötigen, auf vielfältige Art abhängig von unzähligen anderen Lebewesen. Diese Tatsache können wir in eine Übung umsetzen, indem wir uns ganze Reihen solcher Abhängigkeiten ins Bewusstsein rufen und sie mit Vorstellungskraft und Phantasie möglichst lebensnah betrachten. Der Kaffee auf dem Frühstückstisch: Männer, Frauen und Kinder, die mühevoll auf einer Plantage arbeiten in Hitze und Staub und für ihren Schweiß einen geringen Lohn ernten. Der Transport auf endlosen Landstraßen in die Häfen, auf die Schiffe, Seeleute, heiße Maschinenräume, kalte Nachtwachen, Menschen in den Fabriken an monoton laufenden Fließbändern; Verkäuferinnen, lange Arbeitstage. Heißes Wasser, das aus dem Hahn quillt, die Milch, die aus der Flasche fließt – eine schier endlose Kette von Menschen und Verknüpfungen, die alle beteiligt sind, bis diese eine Tasse Kaffee vor uns steht!

In gleicher Weise können wir die Zusammenhänge auch bei den Kleidern entdecken, die wir tragen. Seidenraupen, die zu Tausenden ins kochende Wasser gekippt werden, damit daraus Seidenstoffe gewoben werden können. Schafe werden geschoren, flinke Hände verarbeiten die unzähligen Haare zu Garn und dann zu Wolle, und wieder andere Hände oder Maschinen weben oder stricken daraus unsere Kleidung. Bis es so weit ist – wie viel Schweiß, Anstrengung und Sorgfalt vieler Menschen sind dazu notwendig!

Wir sehen, wie viel Abhängigkeit da ist und wie sehr wir auf Kosten anderer Lebewesen leben. In allem sind wir von anderen abhängig: bei Nahrung, Kleidung, Wohnung, Bildung, Arbeit, Transport, Vergnügen – überall. Wir sehen und anerkennen dies, nicht um Schuldgefühle in uns hervorzurufen, sondern um ein Gefühl für die Abhängigkeit aller von allen zu gewinnen und dadurch Verbundenheit, Wertschätzung und Dankbarkeit zu wecken. Bei dieser Art der Kontemplation ist es wichtig, sich die Situation dieser Menschen immer wieder lebensnah vorzustellen: wie es ist, wenn man in Afrika Kaffee pflanzt, in der Fabrik am Fließband steht, auf dem Feld als Schaf geschoren wird (ja, versuchen wir auch das zu fühlen!). Dadurch vertiefen wir unser Verständnis und Gefühl für das ganze Netzwerk.

Den Platz der Anderen einnehmen

Eine andere wirksame, aus der tibetischen Tradition stammende Methode besteht darin, sich selbst an den Platz des anderen zu versetzen. Sind wir zum Beispiel verschiedener Meinung, so üben wir uns darin, den Platz der Gegenseite einzunehmen. Machen wir uns einmal ihre Argumente zu den unseren, schauen wir, wie sich das anfühlt. Oder wir können uns in die Lage eines Polizisten bei einer Demonstration versetzen, während wir selbst auf der Seite der Demonstranten stehen. Haben wir Probleme mit Autoritäten, können wir den Platz einer Autoritätsfigur einnehmen: Wie wäre es, wenn ich an ihrer oder seiner Stelle säße und das zu tun hätte, was sie tut?

Oder den Platz der Schnecke, die auf unsern Salatsetzling zukriecht, ihn sieht, riecht – so grün, so intensiv! – und diese lästigen Unebenheiten auf dem Boden vor dem ersehnten Ziel, die Hand, die mich packt und weit fort wirft oder tötet, oder die Schneckenkörner...

Die Mücke am Arm – wie wäre es, wenn ich mich an ihre Stelle auf den Arm setzte, nur ein paar Sekunden lang, aber wirklich an ihre Position mit dem Versuch, mit dem Stechrüssel diese zähe Haut zu durchbohren, um ans lebenspendende Nass heranzukommen – und da ist diese riesige Hand, die mich zu zerquetschen droht. Allein schon die Bereitschaft zum Positionswechsel bewirkt etwas in uns. Noch eindrücklicher ist das Gefühl, auf der anderen Seite zu sein. Die ganze Perspektive und das Verhältnis zur Situation verändern sich drastisch.

Kontemplationen sind Übungen. Wir trainieren,

- uns zu öffnen;
- auf jemanden zuzugehen;
- das Eis zu brechen;
- die Trennung zu überbrücken;
- die Hand auszustrecken.

Jedesmal wenn wir dies tun, gehen wir ein Risiko ein. Oft vermeiden wir diese Haltung, weil sie riskant ist. Doch die Liebe wächst, indem wir das Risiko auf uns nehmen und immer und immer wieder den ersten Schritt tun. Das verlangt Mut, weil wir uns verletzbar machen. Die Gefahr besteht, dass wir nicht erkannt, lächerlich gemacht, abgewiesen oder gar angegriffen werden, während wir das Gegenteil erhofften. Sind wir jedoch nicht bereit, uns zu öffnen, dann bleiben wir verschlossen – für alles. Auch für die Liebe, die wir erfahren möchten; denn wenn wir verschlossen bleiben, um Risiken und Schmerz zu vermeiden, werden wir uns auch für die Tiefen der Liebe und der Freude nicht öffnen können. So wird das Leben flach, gefühllos, erstarrt – tot.

Blockaden auflösen

Welches sind nun diese Wolken im Geist, die das Strahlen der Liebe verhindern? Am offensichtlichsten sind es Aversion und Hass, eine gewaltige Kraft. Lernen, damit umzugehen, ist ein wichtiger Teil der inneren Arbeit. Diese Kraft äußert sich auch in weniger offensichtlichen Formen, so zum Beispiel, wenn Widerstand auftritt. Oder wenn uns etwas nicht passt, wenn wir werten und verurteilen. Oder, etwas subtiler, tritt sie als Langeweile in Erscheinung. Dabei kann nur die Liebe den Hass heilen, wie der Buddha gesagt hat:[11]

> »Hass wird niemals überwunden durch Hass.
> Hass wird nur durch Liebe besiegt.
> Dies ist Gesetz, von alters her und uneingeschränkt.«

Wir können aber nicht die Liebe wie eine Waffe direkt gegen den Hass einsetzen, um ihn auszutilgen. Das ist keine Liebe. Vielmehr schließen wir unsere Aggression, unser Verschlossensein, den Hass mit ein in den weiten Raum des Annehmens; Aversion mit Liebe umgeben, die Aversion fühlen und dafür da sein.

Auch andere Geisteshaltungen blockieren die Liebe:

- Gleichgültigkeit ist verbreitet und sehr lähmend. Liebe benötigt ein Klima echten Interesses, sonst stirbt sie.

11 Buddha, Dhammapada, 1.5.

- Faulheit und Bequemlichkeit. Liebe bedarf der Lebendigkeit und Wachheit, sonst fehlen die Energie und die notwendige Intensität.
- Auch das pure Gegenteil von Faulheit, nämlich Geschäftigkeit, kann Liebe bedrohen oder zerstören. Denn Liebe braucht Innehalten und Raum, sonst wird sie überwältigt. Dabei ist äußeres Anhalten nicht unbedingt notwendig. Man darf Innehalten durchaus als ›innerlich haltmachen‹ auffassen.
- Wohl am stärksten blockiert Angst die Liebe. Es ist die Angst, die uns daran hindert, den ersten Schritt zu tun, die Arme zu öffnen.

Der Schlüssel zum richtigen Umgang mit der Angst liegt in unserer Bereitschaft, uns die Angst spüren zu lassen – und trotzdem den ersten Schritt zu tun. Es gibt natürlich ganz reale Ängste. Wenn wir auf die Straße treten und ein Auto nähert sich, dann haben wir zu reagieren und nicht die Angst zu betrachten. Wenn's brennt, haben wir uns zu retten, nicht unsere Angst anzuschauen. Meist sind aber unsere Ängste anderer Art: die Angst, nicht ›anzukommen‹, nicht gehört, respektiert, geliebt zu werden. Wagen wir es doch – trotz der Angst! Wir können es uns nicht leisten zu warten, bis die Angst weg ist. Wir tun es zwar oft – und verpassen dabei das Leben; es wird um so viel ärmer. Jedesmal, wenn wir versäumen, jemandem unsere Wertschätzung auszudrücken – in Worten oder in anderer Form –, haben wir etwas verpasst. Wir »wollen es uns zuerst noch überlegen«, warten auf den ›besseren Moment‹. Wenn wir dagegen den Mut zum Risiko haben, räumen wir die Möglichkeit ein, nicht zu gefallen, wissen aber, dass wir gleichwohl überleben werden. Mit jedem Mal, da wir den Mut aufbringen, uns zu öffnen, willkommen zu heißen, den ersten Schritt zu wagen, entfaltet sich die Blume der Liebe, bis sie blüht und ihren Duft verströmt.

Ein mitfühlendes Herz

Wenn unser Herz offen ist, beginnen wir auch das Ausmaß des Leidens in der Welt mehr und mehr zu fühlen. So entsteht Mitgefühl. Dies ist die Liebe, die das Leiden anderer umfängt, und die natürliche Antwort auf

Leiden, das uns nahegeht und für das wir uns geöffnet haben. Die Frage ist also: Wie weit sind wir bereit, offen zu sein für das Leiden? Sind wir auch nur bereit, in der Meditation zehn Minuten still zu sitzen und für das Unangenehme daran – zum Beispiel innere Unruhe – offen zu sein und sie ganz bewusst zu spüren? Offen sein heißt: es o.k. sein lassen und sich nicht mehr dagegen wehren. Können wir mit Schmerzen, Aversionen und Ängsten so umgehen?

In diesem Sinn lässt sich Mitgefühl üben. Die Übung beginnt bei uns selbst. Im selben Maß, in welchem wir uns für unser eigenes Leiden öffnen können, sind wir auch fähig, dem Leiden anderer gegenüber offen zu sein, wo immer es sich zeigt.

Mitgefühl kann sich auf zwei Arten äußern: Als das eigentliche Mit-Fühlen, wenn das Herz berührt wird, und als aktives, engagiertes Mitgefühl, als Ausdruck eines Herzens, das angerührt wurde. Das Mit-Fühlen wird in einem Gedicht des Zen-Dichters Ryokan ausgedrückt:[12]

»In Gedanken bei den Menschen dieser flüchtigen Welt,
tief in die Nacht hinein – Mein Ärmel, tränennass.«

Der Aspekt des aktiven, engagierten Mitgefühls wird im Buddhismus als Geist der Bodhisattvas bezeichnet. Wenn sich das Herz dem Leiden ganz öffnet, erwacht der Bodhisattva-Geist. Aus der Erfahrung der Einheit allen Lebens heraus ist ein Bodhisattva bestrebt, nicht einfach sein eigenes Leiden zu heilen, sondern solange fortzuwirken, bis ausnahmslos alle Wesen Befreiung und Ganzheit erlangt haben. Der buddhistische Dichter Shantideva hat das folgende Bild verwendet: Ist unser Fuß verletzt, wird er dann nicht selbstverständlich von der Hand gepflegt, auch wenn diese den Schmerz des Fußes nicht fühlt? Denn beide sind ja Teil des gleichen Lebens. Wenn nun ein anderes Lebewesen verletzt wird, wie sollte es nicht von uns umsorgt werden, da auch wir Teil des gleichen Lebens sind? Mit anderen Worten: es genügt nicht, voller Mitgefühl zuzuschauen, wie sich jemand auf den Abgrund zubewegt. Wir müssen handeln. So lauten der Wunsch und die Inspiration der Bodhisattvas:

12 Ryokan/Stevens, One Robe, One Bowl. Weatherhill, N.Y.& Tokyo.

»Die Lebewesen sind zahllos; ich werde helfen, sie alle zu befreien.
Die inneren Konflikte sind endlos; ich werde sie alle beenden.
Die möglichen Erkenntnisse sind unermesslich; ich werde sie alle verwirklichen.
Der Weg der Buddhas ist vollkommen; ich werde ihn bis zum Ende gehen.«

Immer geht es um eine Haltung der Offenheit, die sich als Liebe oder Annehmen, als Mitgefühl oder Mitfreude, als Loslassen oder Großzügigkeit ausdrückt, und dies mit immer mehr Selbstverständlichkeit. Darin finden wir nichts von Selbstverleugnung, sondern vielmehr das Privileg und den Genuss, zum Wohle allen Lebens wirken zu können!

Das Licht des Gewahrseins

Obschon der Kreislauf des Daseins mit seinen unermesslichen Freuden und Leiden uns als wirklich erscheint, hat nichts sich jeweils aus der vollkommenen Stille gerührt. Der Geist, der sich dieser Wirklichkeit zutiefst öffnet, ist frei.

Täuschung schafft Leiden

Obschon die eigentliche, wahre Natur des Geistes gut, mitfühlend und rein ist, scheint sich recht wenig davon in der Welt und im Leben der Menschen zu zeigen. Der Buddha sah anfangslose Verblendung oder Nichtverstehen als Grundursache dieser Problematik. Seit urdenklicher Zeit ist unser Geist verdunkelt. Das bedeutet aber nicht, dass dies immer so bleiben muss. Gerade darin, dass diese Verblendung nicht die eigentliche Natur des Geistes ausmacht, liegt unsere Chance. Leiden ist demzufolge in einem letzten Sinn nicht unvermeidlich!

Verblendung heißt, die folgenden vier Grundtatsachen des Daseins nicht zu erkennen: Leiden nicht zu sehen, dessen Ursachen nicht wahrzunehmen, somit blind zu sein für die Möglichkeit der Freiheit, und den Weg zur Freiheit nicht zu beschreiten. Verblendung oder Nichtverstehen zeigt sich unter zwei Aspekten. Der eine wird als ›Finsternis des Geistes‹ beschrieben. Damit ist die Unklarheit, Konfusion oder Verdunkelung des Geistes gemeint, die uns die Wirklichkeit nicht klar sehen und erkennen lässt. Ein Gefühl dafür erfahren wir vielleicht bei einem verzwickten Problem, das wir einfach nicht verstehen und wo uns so ist, als hätten wir ein Brett vor dem Kopf. Auch jene Beschränktheit, die eine Fliege endlos gegen eine Fensterscheibe fliegen lässt, obschon eine Handbreit weiter das offene Fenster wäre, ist ein Beispiel solcher Konfusion.

Der andere Aspekt der Verblendung ist die verfälschte Wahrnehmung, ja Täuschung in Bezug auf die Wirklichkeit. Sie ist die logische Folge der ›Finsternis des Geistes‹. Diese Täuschung oder falsche Wahrnehmung wirkt vor allem in zwei Bereichen. Einerseits lässt sie uns die wahre Natur aller Dinge missverstehen, anderseits macht sie es uns unmöglich zu erkennen, auf welche Weise der Geist und das Leben funktionieren und wirken. Beide Arten des Missverständnisses sind folgenschwer; sie stürzen uns selbst, alle Lebewesen, die ganze Welt pausenlos in Leiden und Konflikt.

Das folgende Beispiel illustriert die ›Finsternis des Geistes‹ und die daraus folgende getäuschte Wahrnehmung: Wir befinden uns in einer dunklen Höhle, irgendwo in einem tropischen Land. Plötzlich sehen wir am Boden etwas Langes, Gewundenes liegen. Eine Schlange! Vielleicht gar eine giftige? Die Angst packt uns, es läuft uns kalt den Rücken hinunter, und wir erstarren. Nach einer Weile gelingt es uns endlich, Licht zu machen, und wir erkennen: es ist gar keine Schlange, sondern nur ein Stück Seil. Befreit atmen wir auf, und es wird klar, dass einzig die Dunkelheit und die täuschende Wahrnehmung es waren, die uns in Schrecken versetzten. Es gab gar keinen äußeren, konkreten Grund dazu – da war gar nie eine Schlange, sondern immer nur ein Seil.

Die fatalste der Täuschungen

Am schwerwiegendsten ist die falsche Wahrnehmung oder Täuschung in Bezug auf die Natur aller Dinge. Konkret äußert sich diese Täuschung darin,

- dass wir als dauerhaft betrachten, was vergänglich ist;
- dass wir Befriedigung erwarten von dem, was letztlich keine bleibende Befriedigung verschaffen kann;
- dass wir ein ›Selbst‹, das heißt eine unabhängige Selbstexistenz der Wesen und Dinge, wahrzunehmen und zu identifizieren glauben, obschon kein solches vorhanden ist.

Dadurch, dass wir die Dinge als beständig, befriedigend und greifbar sehen, werden wir dort an den Dingen haften, wo es angenehm ist, und sie dort ablehnen, wo es unangenehm ist. So entstehen Festhalten und Ablehnung, die beiden schlimmsten Verursacher von Leiden, innen und außen.

Dazu kommt der zweite Bereich der Täuschung. Er besteht darin, dass wir die Art und Weise, wie der Geist und das Leben funktionieren, falsch wahrnehmen. Wir sehen die Zusammenhänge von Ursache und Wirkung unseres Tuns, also Karma, nicht klar; wir erkennen nicht, dass unser Tun wirkt und auf welche Weise es das tut. Wir merken nicht, dass wir ernten, was wir gesät haben, und dass wir ernten werden, was wir jetzt säen. Manchmal sind solche Zusammenhänge auch gar nicht offensichtlich. Ein schönes Auto, eine gestörte CO_2-Bilanz, eine Klimakatastrophe: dieser Zusammenhang erscheint nicht allen offen ersichtlich. Ein Anfall von Wut – eine zerstörerische Tat – ein schmerzhaftes Resultat: der Zusammenhang ist sichtbar in seiner äußeren Wirkung; in seiner Rückwirkung auf uns selbst ist er es bedeutend weniger. Wie oft sind wir uns nicht bewusst, dass alle unsere Gedanken, Worte und Handlungen sich nicht nur auf unsere Umgebung auswirken, sondern rückwirkend immer auch auf uns selbst. Motiviert durch Verlangen oder Ablehnung, die beide aus der Täuschung entstehen, begehen wir daher sorglos Handlungen des Geistes, des Redens und des Tuns, die für uns schmerzhafte Folgen haben.

Wir können diesen ganzen Ablauf, der zum Leiden führt, nochmals auf etwas ausführlichere Art Schritt für Schritt verfolgen: Wenn wir unsere Erfahrung der lebendigen Wirklichkeit betrachten, sehen wir eine unaufhörliche Flut von Informationen, die sich über eine Anzahl von ›Kanälen‹ manifestieren. Diese Daten ordnen wir, setzen sie zusammen, organisieren sie zu dem, was wir ›Wirklichkeit‹ nennen – äußere und innere Wirklichkeit. Die Daten manifestieren sich über die ›Kanäle‹ Sehen, Hören, Riechen, Schmecken, Körperempfindung sowie Denken und Fühlen. Dies sind Gegebenheiten, und sie bedeuten Kontakt. Eine Glocke ertönt – es ist unmöglich, sie nicht zu hören. Unweigerlich findet die Erfahrung des Hörens statt. Dasein ist Kontakt, Erfahrung ist Kontakt! Bewusst sein mit offenen Augen – ›sehen‹ findet statt: das leuchtende Rot einer Rose, das Purpur eines Sonnenuntergangs, das Dunkel der Nacht, der Schnitt eines

Gesichts. Honig auf der Zunge – ›schmecken‹: süß! Oder ein Gedanke, ein Bild steigt auf im Geist – ›denken‹ findet statt: »was gibt's heute wohl zu Mittag?«

Abhängiges Entstehen

Dieser Prozess beginnt mit dem Aufwachen und endet mit dem Einschlafen; oft dauert er im Traum noch fort: Kontakt zwischen Objekt, Sinnesorgan und Bewusstsein und damit – ›Erfahrung!‹. Die Erfahrung eines jeden Moments – und damit die Welt – entsteht in gegenseitiger Abhängigkeit von Objekt, Sinnesorganen und wahrnehmendem Bewusstsein sowie den dazu erforderlichen Bedingungen. Nichts steht unabhängig für sich allein da. Alles existiert in gegenseitiger Abhängigkeit, einerseits vom Bewusstsein, das wahrnimmt bzw. erfasst und organisiert, und anderseits vom Wahrgenommenen, das sich als Basis dafür eignet. Auch existiert alles in Abhängigkeit von seinen Bestandteilen, so wie zum Beispiel eine Blume nur in Abhängigkeit von Stängel, Blättern, Blütenblättern, Farbe, Geruch, usw. besteht, oder so, wie ein Auto unabhängig von Rädern, Fahrgestell, Motor, Karosserie, Farbe usw. gar nicht denkbar wäre. Zugleich ist alles, was existiert, auch Wirkung, entstanden in Abhängigkeit von seinen Ursachen. Was ist, entstand aus dem, was war: die Frucht aus der Blüte von gestern. Was sein wird, entsteht aus dem, was jetzt ist: das Kind ist der Erwachsene von morgen. Das Dasein ist eine endlose Kette abhängigen Entstehens, ja mehr noch, es ist ein komplexes Netzwerk aus gegenseitigen Verknüpfungen.

Teil dieser Kette von Verknüpfungen ist auch der Prozess unserer Wahrnehmung. Jeder Moment des Kontakts, sei es durch Sinnesempfindung, Emotion oder Denken, jede Erfahrung, enthält einen Gefühlston: ›angenehm‹, ›unangenehm‹ oder ›neutral‹. Dies umfasst die ganze Skala der Lebenserfahrung, von der Glückseligkeit bis zum peinigenden Schmerz. Es ist diese Gefühlstönung – in Sanskrit und Pali-Sprache: ›vedana‹ –, die unsere eigentliche Erfahrung ausmacht. Sie ist ›Geschmack‹ oder ›Gewebe‹ einer jeden Erfahrung, der dominante Faktor in unserem

Leben, der Motivator für all unser Tun. Unser Dasein ist ein steter Fluss aus angenehmen, unangenehmen und neutralen Gefühlstönen, und er wird es sein, solange wir leben.

Es ist diese Gefühlstönung, auf die wir ständig und meist gewohnheitsmäßig reagieren: Fühlt sich etwas angenehm an, dann haben wir es gern, wollen es behalten und noch mehr davon haben. Ist es unangenehm, dann haben wir es nicht gern, wollen es vermeiden oder loswerden. Fühlt es sich neutral an, so ist es uns egal, und wir verlieren das Interesse daran. Es ist dieses ständige Festhalten und Mehrwollen, dieses ständige Vermeiden und Loswerdenwollen, das unser Leben so mühsam macht. Es ist die Ursache des Leidens.

So haben all unsere persönlichen Schwierigkeiten, Probleme und Leiden, aber auch das Leiden der ganzen Welt, ihren Ursprung im Geist. In seinem Buch ›Überleben‹ zeigt Roger Walsh, wie die heutigen Krisen in der Welt alle ihren Ursprung in psychologischen Ursachen und Mechanismen haben und letztlich allesamt unserer eigenen Psyche entspringen; dass demnach der Zustand der Welt ein Abbild des Zustandes unserer Psyche ist.[13] Sowohl die Ursache wie die Lösung aller Probleme liegen daher in uns selber. Hass, Krieg und Terror, Ausbeutung, Hunger, Umwelt- und Klimakrisen sind nichts als Ausdruck und Resultat unserer eigenen Geisteszustände. Was können wir da tun?

Achtsames Gewahrsein ermöglicht befreiende Erkenntnis

Diese Frage wurde dem Buddha schon vor 2500 Jahren gestellt. Er lehrte, dass es das Gewahrsein sei, das die Verdunkelung und Täuschung des Geistes erhellt, den Knoten der Verwirrung auflöst. Also nicht das Bemühen, sich zu verändern, der Kampf um Befreiung oder sorgfältigeres Überdenken schaffen Abhilfe, sondern Achtsamkeit und, daraus hervorgehend, Erkenntnis. Anstatt blind zu reagieren: Gewahrsein. Anstatt zu haften und zu hassen: Loslassen, Gleichgewicht und Sanftheit. Anstatt Verlangen und Ablehnung: innerer Raum und innere Freiheit; ein innerer Raum, in welchem Wert-

13 Roger Walsh, Überleben. Sphinx, Basel.

schätzung und Liebe entstehen können. Das ist es, was wir beim Meditieren üben. Dies ist der springende Punkt. Was immer auch unsere Erfahrung sein mag – entscheidend ist, ob wir gegenwärtig sind und wie wir mit der Erfahrung umgehen, wie wir darauf reagieren.

Es ist die Achtsamkeit, die Licht ins Dunkel des Geistes bringt, die Erkenntnis in die Finsternis des Unverstandes trägt, die uns vor Täuschung bewahrt, die uns das Seil als Seil und die Schlange als Schlange sehen lässt.

Es ist das Gewahrsein, das Vergängliches als vergänglich erkennt und Substanzloses als substanzlos. Es ist Achtsamkeit und Erkenntnis, die klar sieht und spürt, dass Haften und Hassen absurd und leidvoll ist und immer noch mehr Leiden schafft.

Es ist das Schwert der Erkenntnis, das den Kreislauf, die endlose Ursache-Wirkung-Kette von Unverstand, Reaktion und Leiden glatt durchschneidet. Dies wird möglich, wenn wir sehen, dass schlechthin alles – ob belebt, unbelebt, Materie, Geist, Objekt oder wahrnehmendes Bewusstsein – in einem dicht verwobenen Netz gegenseitiger Bedingtheit existiert, und wenn wir erkennen, dass folglich gar nichts Solides, Unabhängiges, Selbstexistentes möglich ist und alles nicht mehr (und auch nicht weniger) als Erscheinung sein kann. Erscheinung, die sowenig wie die Spiegelung des Mondes im Wasser erfasst und festgehalten werden kann. Erscheinung allerdings, die ihren ureigensten, strikten Gesetzmäßigkeiten folgt.

Es ist das Auge der Erkenntnis und der Weisheit, das nicht nur sieht, dass in einem Netzwerk gegenseitiger Verknüpfung und Abhängigkeit nichts in sich selbst existieren kann; sondern es sieht auch, dass dieses abhängige Entstehen eben gerade deshalb möglich ist, weil es kein Selbst gibt, weder innen noch außen. Wenn die Dinge des Daseins nämlich nicht leer wären von Selbstexistenz, wäre auch die geringste Veränderung oder Wandlung unmöglich. Wenn es also irgend etwas gäbe, das in sich selbst existierte, könnte sich nichts jemals bewegen oder verändern. Alles wäre sozusagen erstarrt. Ähnlich wie bei einem vielfach verzahnten Räderwerk, in welchem sich ein harter Kieselstein verklemmen würde: mit einem Ruck würde alles stillstehen, nicht ein einziges Rädchen könnte sich noch drehen.

Leerheit heißt aber auch nicht, dass substantiell wirkliche Dinge aus ›der Leere‹ heraus entstehen und wieder vergehen, als gäbe es eine Leere um die Dinge oder hinter den Dingen; eine Art leeren Raum oder gar eine Leere, die in sich selbst existierte. Leerheit ist einfach eine Eigenschaft eines jeden Dinges, jeder Erscheinung und jeder Erfahrung: nämlich das Leersein von unabhängiger, inhärenter Selbstexistenz. Man könnte auch sagen, dass die abhängig entstehenden Erscheinungen einerseits und deren Eigenschaft der Leerheit anderseits sich zueinander verhalten wie Gewebe und Farbe eines bunten Tuchs: verschieden und doch untrennbar, gegenseitig von einander abhängig.

Die Tatsache, dass eine Bohne sich in eine Sprosse verwandeln kann und die Bohne dabei vollständig verschwindet, zeigt deutlich, dass nicht die geringste Substanzhaftigkeit vorhanden sein kann.

Leer, aber wirkend

Trotzdem wird eine Sojabohne eine Sojasprosse hervorbringen und nicht irgendeine andere Sprosse; denn das Gesetz der Verursachung ist unbestechlich. Darum heißt es im Herz-Sutra: »Leerheit ist nicht verschieden von Form, Form ist nicht verschieden von Leerheit; denn »Form ist Leerheit, und Leerheit ist Form.«

Es ist die Erkenntnis der Leerheit, die uns davon befreit, in das Extrem der Selbstexistenz und damit des Ergreifens, Festhaltens und des Sich-Verstrickens zu fallen. Es ist das Verstehen der unbestechlichen Gesetzmäßigkeit von Ursache und Wirkung bedingten Entstehens, das uns daran hindert, in das Extrem der Nichtexistenz und damit der Verantwortungslosigkeit sich selbst und anderen gegenüber zu fallen.

So sind die Dinge leer und erscheinend zugleich. Ähnlich wie bei einem Spielfilm: wenn wir ihre Erscheinung für wirklich halten, haben Farben und Formen, Klänge und Stimmen die Macht, uns fröhlich oder traurig, mitfühlend oder wütend zu machen – obschon nichts als schillernde Formen über eine leere Leinwand tanzen. Deshalb erklärte der Buddha in einer Lehrrede: »So wie ein Zauberer sichtbare Dinge schafft, wie etwa Pferde,

Elefanten, Wagen und anderes, die, obschon sie erscheinen, nicht wirklich sind, so sollt ihr die ganze Wirklichkeit auffassen.« Wenn wir dies zutiefst verstehen, wird uns klar, dass Schmerz und Freude, Geburt und Tod, Knechtschaft und Freiheit genau so viel Wirklichkeit haben, wie der Geist durch Unverstand und Täuschung darin investiert.

Aus dieser Perspektive wird klar: Obschon der Kreislauf des Daseins mit seinen unermesslichen Freuden und Leiden uns als wirklich erscheint, hat nichts sich je aus der vollkommenen Stille gerührt. Der Geist, der sich dieser Wirklichkeit zutiefst öffnet, ist frei.

Eine tiefe Wandlung ist möglich, in welcher der Geist letztlich von Verlangen, Hass und Täuschung befreit wird. Diese Wandlung kommt aus der Entdeckung unserer wahren Natur. Es ist die Entdeckung der Freiheit. Sie beginnt mit Gewahrsein und Achtsamkeit in diesem Moment – jetzt!

Bedingte und nichtbedingte Wirklichkeit – und die Möglichkeit der Freiheit: ›Taoistische Träumerei‹, ein Gedicht von Surya Das:[14]

»Leben und Tod rasen
Wie des Webers Schiffchen
Weiße Wolken kommen und gehen
Der blaue Himmel bleibt gleich
Der Ruf des Bergvogels
Seine Bedeutung ist klar
Von einem langen Traum erwachend
Blick ich auf goldene Herbstfelder
Was hat mein Herz betrübt?
Ich erinnere mich nicht mehr.«

14 Nicht veröffentlichtes Gedicht von Surya Dass, Nyingma Retreat Center, St. Léon s. Vézère, Montignac (F).

Praxis und ihr Ausdruck in der Welt

Glühende, brennende Tropfen werden wir sein
in den Eisfeldern des Schweigens.
U. Fiechtner

Die Meditation in den Alltag tragen

Was immer wir an Erfahrungen gemacht und an Erkenntnissen gewonnen haben, sei es in Retreats, im Kloster, in der Einsamkeit oder sonst wo: solange wir in uns noch Ängste, Anhaften – und damit Leiden – finden, sind wir noch nicht frei, gilt es weiter zu üben. So stellt sich also die Frage: Wie können wir diese Praxis und das, was wir in klaren Momenten gesehen und erkannt haben, im täglichen Leben konsequent weiterüben, anwenden und sogar vertiefen? Auch hier lautet die wichtigste Antwort: durch Achtsamkeit.

Was können wir tun, um Achtsamkeit und Gewahrsein zu erhalten und wachsen zu lassen? Regelmäßige Sitzmeditation bildet ein gute Grundlage. Wie oft und wie lange wir sitzen, hängt von unserem Interesse und unseren Möglichkeiten sowie den äußern Gegebenheiten ab. Jedoch kann die Sitzmeditation nur dann wirksam sein, wenn wir ihr in unserem Tages- oder Wochenablauf eine gewisse Priorität einräumen. Am besten nehmen wir uns beim Sitzen eine bestimmte Zeitspanne vor, stellen vielleicht den Wecker und halten dann diese Sitzzeit ein, egal wie sich die Meditation anlässt. Ob konzentriert oder zerstreut und voller Gedanken, ob wach oder schläfrig, konfus oder klar – wir bleiben dabei. Wir können bei weitem nicht alles, was bei dieser Meditation an Positivem entsteht, direkt wahrnehmen und seine Bedeutung abschätzen. Allein die Tatsache, dass wir anhalten und innehalten, bedeutet in unserem hektischen Zeitalter schon viel. Dabei werden neben der Achtsamkeit auch Geduld, Ausdauer, Selbstständigkeit, Vertrauen und Gelassenheit gefördert. Wir achten darauf, dass wir nicht mit Erwartungen an die Meditation herangehen oder diese gar mit den Erfahrungen des letzten Retreats vergleichen, sondern dass wir einfach meditieren.

Auch die Übung der Gehmeditation ist hilfreich: zum Beispiel während einiger Minuten vor dem Sitzen oder auf bestimmten Wegstrecken, wo wir uns ganz besonders um Achtsamkeit bemühen; sei es von der Wohnung zur Busstation, auf der Treppe in unserem Haus oder vielleicht gar bei sämtlichen Treppen, denen wir begegnen. Solche Übungsmöglichkeiten gibt es unzählige.

Unsere tägliche Praxis wird auch durch das gemeinsame Meditieren mit anderen unterstützt. Durch regelmäßiges, beispielsweise wöchentliches Sitzen in der Gruppe wird unsere Energie verstärkt, und wir erfahren Inspiration, Ansporn und gegenseitige Unterstützung.

Ein weiterer entscheidender Aspekt der Praxis sind Studium, Kontemplation und Auseinandersetzung mit Anschauungen und Lehren, denen eine ganzheitliche Auffassung und Zielsetzung und ein Verständnis der Ursachen des Leidens zugrundeliegt. Unsere westliche, auf Verbrauch ausgerichtete rationalistische Einstellung ist viel zu fest verwurzelt, als dass sie durch bloße Aufmerksamkeit verwandelt werden könnte. Deshalb sind auch Studium und Auseinandersetzung notwendig, wobei Bücher und Vorträge von verwirklichten oder zumindest qualifizierten Autorinnen und Lehrern hilfreich sind. Empfehlenswert sind darüber hinaus längerdauernde Studiengänge oder Seminare, die ein klares, umfassendes Bild von Weg und Ziel der Praxis vermitteln. Wir sollten uns auch Zeit nehmen, über diese Fragen und Inhalte nachzudenken. Nur durch solche Anstrengungen können wir uns ein wirklich fundiertes Wissen und Verständnis zu eigen machen.

Fast unumgänglich ist es, dann und wann an Retreats teilzunehmen; kürzere Retreats an freien Tagen oder Wochenenden zur Auffrischung, längere zur Stärkung und Vertiefung von Gewahrsein und Erkenntnis. Wir können Meditationskurse selber organisieren und Lehrer/-innen einladen. Es ist aber auch möglich, allein oder als Gruppe einen oder mehrere Tage, gleich wie bei den geleiteten Retreats, mit Sitz- und Gehmeditation zu verbringen. Als unverbindliche Faustregel gilt, dass wir etwa gleich viele Tage an solchen ›Selbst-Retreats‹ sitzen können, wie wir in Kursen mit Lehrern verbracht haben. Eine Ausnahme bilden Personen, die psychisch nur wenig belastbar sind. Selbst-Retreats festigen unser spirituelles Selbstvertrauen und unsere Unabhängigkeit.

Vertrauen und innere Ausrichtung

Vertrauen, und damit Selbstvertrauen und Eigenständigkeit, bilden den Nährboden für eine positive Entwicklung und für innere Freiheit. Vertrauen ist eine starke, dynamische Kraft, die den Geist klärt, öffnet und einen Zustand der Leichtigkeit, Inspiration und Freude schafft. Vertrauen ist ein Tor, durch das sich alle positiven Qualitäten manifestieren, ein Treibhaus für gute Eigenschaften. Darauf bezieht sich auch die traditionelle Praxis, Buddha, Dharma und Sangha als Zuflucht zu nehmen und sich darauf auszurichten. Dabei geht es nicht darum, sich zu einer Religion zu bekennen, sondern, wie der Zen-Meister Dogen schrieb:

> »Buddhismus erforschen heißt, sich selber erforschen.«

In Buddha, dem Erwachten ›Zuflucht zu nehmen‹, bedeutet, zu unserer wahren Natur zu erwachen und unser Potential zu tiefer Verbundenheit und innerer Freiheit zu verwirklichen.

Ins Dharma ›Zuflucht zu nehmen‹ heißt, sich der Wirklichkeit anvertrauen, und zwar der Wirklichkeit, wie sie tatsächlich ist, und nicht unserer verfälschten Wahrnehmung oder unseren Ideen und Vorstellungen über die Wirklichkeit. Vor allem aber bedeutet dies, sich den Lehren und deren Mittel und Wege zu bedienen, welche es ermöglichen, Weisheit, Mitgefühl und Freiheit zu verwirklichen.

Sangha sind, unabhängig von Praxisstil, wir alle, die wir echtes Interesse am inneren Wachstum und an der Befreiung haben. ›Zuflucht in die Sangha zu nehmen‹ bedeutet, Formen zu finden, die uns zusammenführen, damit wir uns gegenseitig unterstützen können. Vor allem heißt es aber auch, sich Menschen anzuvertrauen, die tiefer geblickt haben und freier sind als wir selbst oder welche Befreiung gar völlig verwirklicht haben.

Oft scheinen wir unsere innere Richtung nicht wirklich zu kennen. Die Zufluchtnahme klärt Sinn und Ausrichtung unseres ganzen Lebens. Entscheidungen sind viel eindeutiger zu treffen, wenn wir wissen, wohin wir eigentlich gehen wollen.

Um bei diesem Unternehmen klare Anleitungen, eine eindeutige Richtung, Ausdauer und Kontinuität zu gewährleisten, benötigen wir qualifizierte Lehrerinnen und Lehrer. Sie können uns mit Rat, Inspiration, Energie und auch mit ihrem Segen unterstützen. Den Weg gehen müssen wir indessen selber. Dazu sind Mut und Vertrauen erforderlich für jeden Schritt, den wir tun. Trotzdem brauchen wir Lehrende. Selbst sehr verwirklichte Meister und Meisterinnen stehen ihrerseits in Beziehung mit ihren eigenen Lehrern. Das Verhältnis Lehrer/Schüler nimmt in gewissen Formen der Praxis, wie zum Beispiel im buddhistischen Vajrayana, sogar eine ganz zentrale Stellung ein. In jedem Fall sollten Lehrende die ihrer Lehrtätigkeit entsprechenden Qualifikationen aufweisen und selber Glied in der Überlieferungskette einer Tradition sein.

Den richtigen Umgang mit den Lehrenden müssen wir im Westen allerdings erst noch erlernen. In dieser Beziehung gibt es bei uns viel Naivität. Es ist sinnvoll, immer erst genau und kritisch hinzuschauen. Dies gilt besonders, wenn Gurus oder Lehrsysteme finanzielle oder sexuelle Ausbeutung betreiben. Auch sollten wir auf der Hut sein, wo ausgeprägte Hierarchien und Machtstrukturen anzutreffen sind. Halten wir die Augen offen, wenn ein Weg als der einzige und weitaus beste verkündet wird oder andere Traditionen und Ansichten systematisch schlechtgemacht werden. Vorsicht ist auch dort angebracht, wo Gehorsam verlangt wird, unbequeme Fragen und Kritik verpönt sind und wo einem Weggang oder Austritt große Hindernisse entgegengesetzt werden: zum Beispiel durch äußere Druckmittel oder durch das Hervorrufen von Gefühlen der Schuld und des Ausgeschlossenseins aus der Gemeinschaft der Auserwählten. Mit anderen Worten: Vorsicht und Zweifel sind überall dort am Platz, wo die Tendenz besteht, uns abhängiger zu machen. Spirituelle Praxis soll uns nicht in größere Abhängigkeit versetzen, sondern uns selbständiger werden lassen.

In seiner letzten Lehrrede vor seinem Tod verkündete der Buddha eine klare Botschaft: »Seid eine Insel für euch selbst. Seid eine Zuflucht für euch selbst. Nehmt keine Zuflucht außerhalb eurer selbst. Nehmt Dharma, die Wahrheit über die Wirklichkeit, als eure Zuflucht.«

Vertrauen ist der Nährboden, ein Verhalten nach ethischen Grundsätzen bildet das Fundament für unsere Praxis. Aus echtem Interesse am Dasein und Achtung vor dem Leben versuchen wir, den folgenden Grundsätzen nachzuleben: Nichtverletzen und Gewaltlosigkeit; Respekt für Recht, Würde und Besitz anderer; Sensibilität in intimen Beziehungen; Ehrlichkeit; Zurückhaltung bei Alkohol, Drogen und Medikamenten, sobald sie die Geistesklarheit beeinträchtigen oder uns gar abhängig machen könnten. Wir verstehen dies nicht als stures Durchhalten von Moralgeboten. Vielmehr fördern wir Sensibilität und Mitgefühl durch Ausprobieren und Einhalten von Verhaltensregeln.

Vom Mitgefühl zum Engagement

Ebenfalls aus Interesse und Achtung vor dem Leben üben wir Liebe, Mitfreude und Mitgefühl. Hier geht es darum, das, was wir als richtig und sinnvoll erkannt haben und was mit dem Herzen in Einklang steht, auch tatsächlich umzusetzen. Dies weniger in Form idealistischer Vorstellungen oder Lebensziele, sondern vielmehr als ständiges Bemühen, sich hier und jetzt zu öffnen, Verständnis aufzubringen, Brücken zu schlagen, anderen das entgegenzubringen, was sie am meisten brauchen: Respekt, Anerkennung, Wertschätzung und Liebe.

Genauso ist Geben, Großzügigkeit eine ideale Alltagspraxis. Die Gelegenheiten des Gebens sind allgegenwärtig und unbegrenzt, sobald wir anfangen, uns darauf einzustellen. Geben schafft Losgelöstheit, gleichzeitig aber auch Verbundenheit. Großzügigkeit bringt Freude und inneren Reichtum.

Was wir durch unsere spirituelle Praxis verstanden und verwirklicht haben, muss sich schließlich in der Außenwelt manifestieren. Für einige mag dies heißen: noch konsequenter praktizieren, indem sie etliche Jahre oder ihr ganzes Leben dafür einsetzen, sei es in jahrelangen Retreats, sei es durch zeitweilige oder lebenslange Ordination als Nonne oder Mönch. Gerade bei uns im Westen brauchen wir Menschen, die ihre spirituellen Möglichkeiten in deren ganzen Tiefe ausloten. Dadurch kann eine lebendige Tradition Fuß fassen, sich hier verwurzeln und wachsen.

Für jene, die ihren Aufgabenbereich vor allem in der Welt sehen, muss sich die innere Verwirklichung auf andere Weise ausdrücken: auf eine Art, welche die kritische Situation der heutigen Welt mit einbezieht. Es genügt nicht, wenn wir voller Mitgefühl zuschauen, wie sich jemand dem Abgrund nähert. Wir müssen handeln, Einsichten umsetzen und zum Ausdruck bringen. Wir können dies auf verschiedene Arten tun. Nur gleichgültig zu warten können wir nicht, denn Erde und Menschheit brauchen, wenn sie überleben wollen, dringend Weisheit und tätiges Mitgefühl.

Das Aufkommen einer neuen Spiritualität enthält die Chance, das große Bedürfnis nach tätiger Erneuerung positiv zu beantworten. Gleichzeitig enthält diese Bewegung indessen auch viel Selbstgefälligkeit und Eigennutz. Wir laufen Gefahr, mit angenehmen Gefühlen friedlich zu meditieren – und es dabei bewenden zu lassen. Dies genügt aber nicht! Unsere Praxis muss weiter reichen, wenn sie das Ziel haben soll, eine echte und tiefe Wandlung in uns selbst und letztlich auch in der Welt zu bewirken.

Dharmapraxis, mit deren Hilfe wir die gegenseitige Abhängigkeit und Verbundenheit aller Daseinserscheinungen erkennen, kann von der Situation in der Welt nicht getrennt werden. Fragen wir uns deshalb: Welches ist unser Verhältnis zu Mitmenschen, Lebewesen, Klima und Umwelt? Wo liegt hier unsere Verantwortung? Was gehen uns die derzeit über 30 Kriege und bewaffneten Konflikte an? Und die Tatsache, dass wir diesen kriegführenden Ländern Waffen verkaufen? Hat das Schicksal der Delphine im Mittelmeer oder der Seehunde in der Nordsee etwas mit uns zu tun? Oder die weit über 200 zum Teil sehr giftigen Chemikalien, die im Wasser des Rheins gelöst sind?[15] Was ist uns wichtiger: Freiheit, soziale Gerechtigkeit und Menschenrechte – sei es in China, Mittelamerika, dem nahen Oste, Afrika oder bei uns – oder der größtmögliche Profit aus unsern Beziehungen zu einzelnen Ländern, mächtigen Wirtschaftsgruppen und den Großmächten?

Wir können und dürfen nicht in Gleichgültigkeit wegschauen und schweigen! Gleichgültigkeit gegenüber Kriegen, Umweltkrisen, Tierversuchen, Unterernährung, Rassendiskriminierung, Menschenrechtsverletzungen, Folter und Todesstrafe ist nichts anderes als Grausamkeit. Es ist die Grausamkeit des verschlossenen Herzens, des Egoismus, des Schweigens. Urs Fiechtner schrieb ein Gedicht für ›amnesty international‹:[16]

»Tropfen, sagt man,
auf glühenden Steinen
den kleinsten Tropfen aber
achten wir mehr
als den Strom der Schweigenden
glühende, brennende Tropfen
werden wir sein
in den Eisfeldern des Schweigens.«

Sollen wir über Liebe und Mitgefühl meditieren und es uns gleichgültig sein lassen, dass in beinahe der Hälfte aller Staaten regelmäßig Menschen gefoltert werden, dass jährlich weltweit um die 2000 Hinrichtungen registriert werden? Sollen wir Gewaltlosigkeit kontemplieren und dulden, dass jährlich Millionen von Tieren in Tierversuchen aufs schrecklichste gequält und getötet werden?[17]

Wir üben Großzügigkeit: Würden die Menschen der ›entwickelten Länder‹ nur ein paar Prozent ihres Einkommens den Menschen der Dritten Welt zuwenden, so würde sich deren ökonomische Situation massiv verbessern. Das sollte doch im Bereich des Möglichen liegen. Mittlerweile werden

15 PNAS Open Access Option, 2014.
16 Urs Fiechtner, Suche nach M., AS-Verlag, Tübingen.
17 Christopher Titmuss: Spirit for Change, Greenprint, London.

nach vorsichtigen Schätzungen weltweit über 100 Millionen Minderjährige und Kinder für gesundheitsschädigende Arbeit missbraucht.[18]

Engagement – jetzt!

Da noch viel zu wenige ernsthaft für Veränderungen und Verbesserungen auftreten, liegt es an uns. Jetzt. Es erfordert oft Mut und ganz sicher immer eine große Bereitschaft, Mitgefühl auszudrücken, geeignete Formen dafür zu finden oder solche auch neu zu schaffen. Doch die Erde hat dies dringend nötig, denn, um mit Martin Luther King zu sprechen:

> »Entweder leben wir zusammen als Brüder,
> oder wir sterben zusammen als Toren.«

Liebe, Mitgefühl und Sensibilität sollten sich zuerst in unserer allernächsten Umgebung zeigen, im Umgang mit Familienangehörigen, im Umfeld unserer täglichen Arbeit, mit den Nachbarn. Prüfen wir auch, auf welche Art wir in unserem Beruf wirken. Stehen wir am richtigen Ort und verwenden wir die kostbare Zeit unseres Lebens sinnvoll und entsprechend unsern Möglichkeiten und inneren Überzeugungen? Gewiss möchten wir nicht Dharma praktizieren, uns aber gleichzeitig für den Lebenserwerb ausbeuterischen, lebens- und umweltzerstörenden Arbeiten oder Geschäften widmen. Im Gegenteil, unsere berufliche Tätigkeit kann und muss auch zum Ausdruck unserer inneren Entwicklung gemacht werden, seien wir Beamter, Ärztin, Installateur, Künstlerin oder Hausmann, Politiker, Friedensaktivistin oder Priester.

Wir können lokal wirken, uns sozial engagieren oder politische Verantwortung übernehmen. Wir können Klöster, Dharmazentren und Meditationsgruppen unterstützen, deren Ziel die Entfaltung von Weisheit und Mitgefühl ist. Wir mögen für den Frieden, für Unterdrückte oder für die Umwelt aktiv werden, sei es durch Mitgliedschaft oder Mitarbeit bei

18 Londoner Gesellschaft gegen Sklaverei sowie Internationale Arbeits-Organisation (ILO).

engagierten Gruppen. Es mag auch bedeuten, dass wir gegen bestehende Machtstrukturen, den Staat oder Autoritäten aufzutreten oder zu protestieren haben, dass wir unsere Stimme erheben oder – gewaltfrei – mitmarschieren müssen. Kurz: Es geht darum, unser Leben sinnvoll einzusetzen und auszuschöpfen.

Trotz aller Missstände und Schrecken und der Verantwortung, die uns bewusst wird, wenn wir unsere Augen und unser Herz nicht mehr verschließen können: es ist wichtig, dass wir uns nicht niederdrücken lassen. Wir versuchen, unser Bestes zu tun, und das genügt. Vergessen wir nicht, Leichtigkeit, Heiterkeit und Humor zu bewahren. Humor, wenn er nicht auf Kosten anderer geht, ist eine Form von Weisheit. Er öffnet und erweitert unsere Perspektive in Bezug auf uns selbst und auf das ganze Leben. Sich selber auf den Arm zu nehmen, ist eine der wirkungsvollsten Übungen. Lao Tse:[19]

»Wenn man darüber nicht lachen kann,
dann kann man es auch nicht das Tao nennen.«

19 Lao Tse, aus: Ram Dass, Reise des Erwachens. Sadhana, Berlin.

Gespräche

Die Vertiefung der Meditation

Fred von Allmen (FvA)im Gespräch mit Joseph Goldstein (JG)

***Joseph Goldstein**, geboren 1944, war als Mitglied des amerikanischen Peace Corps in Asien und kam dabei mit der meditativen Praxis in Berührung. Durch Anagarika Munindra und S. N. Goenka wurde er in die burmesische Theravada-Tradition eingeführt. Nach seiner Rückkehr in die Vereinigten Staaten begann er 1974 auf Einladung des tibetischen Lamas Chögyam Trungpa gemeinsam mit Jack Kornfield seine Lehrtätigkeit. Es gelang ihm, eine traditionelle Sicht und Form des Theravada-Buddhismus durch eine klare und verständliche Darstellung der Lehre dem Westen zugänglich zu machen.*

Dazu trugen auch seine Bücher ›Ein Dharma‹ (Arkana), ›Einsicht durch Meditation‹ – gemeinsam mit Jack Kornfield (Arbor), ›The Experience of Insight‹ (Shambala) und ›Mindfulness: A Practical Guide to Awakening‹ (Sounds True) sowie die weltweite Lehrtätigkeit bei. Joseph gehört zu den Gründern der Insight Meditation Society (IMS) in Barre, Massachusetts (USA), wo namentlich jedes Jahr Dreimonats-Retreats angeboten werden. Er betont die Bedeutung der Retreat-Praxis in der Vipassana-Tradition des burmesischen Meisters Mahasi Sayadaw. Josephs Lehrstil ist auf die Vertiefung dieser Methode ausgerichtet. Auf der Grundlage seiner großen Erfahrung präsentiert er diese präzise Meditationstechnik auf liebenswürdige Art.

FvA: *Unser Thema ist die Vertiefung der Meditation. In diesem Zusammenhang möchte ich dich zunächst fragen, was ›Tiefe der Meditation‹ für dich bedeutet.*
JG: Tiefe oder Vertiefung der Meditationspraxis hat für mich zwei Aspekte. Zum einen bedeutet sie, immer klarer und vollständiger die Merkmale jeglicher Erfahrung zu erkennen: die sich dauernd verändernde, unbe-

friedigende und Selbst-lose Natur der Phänomene. Diese Merkmale auf immer tieferen Ebenen zu verstehen, macht das aus, was ich als Tiefe der Praxis bezeichnen würde. Die tiefste Erfahrung ist schließlich die Öffnung gegenüber Nibbana, dem Unbedingten; gegenüber jener Realität, die außerhalb des Bereichs der sich verändernden Phänomene liegt. Dieses Sich-Öffnen ist eine vollendete Form der Erkenntnis.

Neben dieser einen Betrachtungsweise gibt es noch eine andere: Tiefe der Praxis kann auch als Befreiung des Geistes von Unreinheiten – Gier, Hass und Verblendung – umschrieben werden. Es ist genau das Verstehen der drei weiter oben genannten Merkmale, das die Verunreinigungen des Geistes schrittweise schwächt und sie schließlich beseitigt. So kann man die Tiefe der Praxis unter zwei Aspekten betrachten, und das sind tatsächlich zwei Seiten ein und derselben Sache.

FvA: *Wodurch wird die Vertiefung bewirkt?*
JG: Ich sehe zwei Hauptwege, die dahin führen. Der eine besteht in intensiven Retreats, wo wir den Geist mit einer systematischen, sorgfältigen und genauen Aufmerksamkeit trainieren. Durch die Kraft der Achtsamkeit befreien wir ihn von den Verunreinigungen in jedem Augenblick. Dies geschieht, weil wir in jedem Moment der Achtsamkeit das Objekt der Erfahrung beobachten ohne Anhaften (Gier), ohne Verurteilen (Hass) und ohne Identifikation damit, als ob es selbstexistent wäre (Täuschung). Auf diese Weise schwächen wir Moment für Moment die Kräfte der Verblendung in unserem Geist. Durch diese sorgfältige Achtsamkeit wächst die Kraft der Sammlung, und wir können aus nächster Nähe die kurzlebige Natur aller Geistes- und Körperelemente direkt beobachten. Wir erfahren die Substanzlosigkeit aller Dinge, die wir für fest und dauerhaft gehalten haben. So verschafft uns das intensive Üben eine Möglichkeit, uns den tieferen Ebenen des Verstehens zu öffnen.

Es gibt auch den Weg außerhalb der Retreats, den wir manchmal nicht voll zu schätzen wissen und dessen Wichtigkeit wir verkennen. Es bedarf großer Hingabe und Anstrengung, um im Alltag aufmerksam zu bleiben. Wir können – dies als Beispiel – so vorgehen: Jedesmal, wenn wir in unserem täglichen Leben ein starkes Ich-Gefühl wahrnehmen, schauen wir wirklich hin und erforschen genau, womit wir uns identifizieren, wo wir festgefahren und blockiert sind. Daraus kann tiefe Einsicht entstehen. Es gibt Zeiten in unserem Leben, wo Schwierigkeiten oder Leiden vorherrschen und wir sorgfältig untersuchen, was die Ursachen dieses Leidens sind und wie wir loslassen können. Gewisse Situationen im Leben offenbaren die Vier Edlen Wahrheiten, wenn wir uns die Zeit zum Untersuchen und Betrachten nehmen. Und das sind die Vier Edlen Wahrheiten: Erstens die Erfahrung des Leidens oder von Schwierigkeiten, zweitens deren Ursache, die in einer bestimmten Art des Anhaftens oder der Identifikation besteht. Die dritte Wahrheit ist das Ende des Leidens und die vierte der Weg dazu. Dieser kann zusammengefasst werden als Entwicklung des rechten Verhaltens, der Sammlung und der Weisheit. In jeglichem Moment wird der Weg zur Befreiung vom Leiden durch Achtsamkeit und Loslassen realisiert: sich mit Gedanken, Gefühlen oder Körperempfindungen nicht identifizieren. Um die Praxis zu vertiefen, ist sowohl ein starkes Interesse an tieferer Einsicht als auch ein entsprechendes Bemühen notwendig.

FvA: *Kann man auch in der Praxis außerhalb der Retreats von Tiefe oder wirklicher Vertiefung sprechen?*
JG: Es ist eindeutig auch außerhalb der Retreats möglich, die Erkenntnis zu vertiefen. Einer der Werte klösterlicher Gemeinschaft besteht darin, einen Rahmen außerhalb der intensiven Meditationsübung zu schaffen, wo Erforschung und Achtsamkeit praktiziert werden können. Es ist auch für Laien möglich, die Praxis durch eine feinfühligere Aufmerksamkeit zu vertiefen. Dies gilt besonders dann, wenn die Aufmerksamkeit durch die Geisteskraft verstärkt wird, wie sie aus der intensiven Meditation und der Disziplin täglichen Übens erwächst. Allerdings sollten wir die Schwierigkeiten nicht unterschätzen bei unserem Bemühen, starke Achtsamkeit in unsern geschäftigen Alltag zu bringen. Leicht bleiben wir bei unsern momentanen Problemen hängen, verlieren uns darin, und unser Gefühl des Gleichgewichts und Gleichmuts kommt abhanden. Deshalb ist die Form des Retreats im Westen jetzt so wichtig. Hier gibt es viele Menschen, die aufrichtig ihre Praxis vertiefen wollen, aber nicht in einen klösterlichen Orden eintreten möchten. Die Form des Retreats schafft eine Möglichkeit,

Sammlung und Achtsamkeit auf sehr wirksame Weise zu stärken und diese Stärke in unsern Alltag zu tragen, so dass wir die Situationen des täglichen Lebens zur Vertiefung unseres Verstehens benützen können.

FvA: *Kannst du etwas über die Mittel sagen, welche die Praxis speziell in der Retreat-Situation vertiefen?*
JG: Beim Vertiefen der Meditationspraxis geht es unter anderem darum, im Geist-Körper-System Energie aufzubauen. Ohne genügend Energie kann man sich nicht tieferen Ebenen öffnen. Wie entsteht mehr Energie? Es ist ein Grundsatz im Alltag wie in der Meditation, dass richtiges Bemühen Energie hervorbringt. Somit stellt sich die Frage, wie dieses korrekte Bemühen erbracht wird. Welche Art Anstrengung baut diese Energie auf? Es gibt viele verschiedene Techniken und Werkzeuge dafür.

Genügend lange Perioden der Gehmeditation zum Beispiel, verlangen Anstrengung, was wiederum Energie aufbaut. Deshalb ermutigen wir die Teilnehmenden, die Gehmeditation jeweils mindestens 45 Minuten oder eine Stunde lang zu üben; eine Stunde ist besser, weil das Bemühen, dies zu tun, Energie hervorbringt.

Auch für die Sitzmeditation gibt es weitere Techniken, die wir zu verschiedenen Zeiten und je nachdem, was angemessen ist, vorschlagen. Nähe am Objekt, Präzision und Exaktheit der Aufmerksamkeit sind allgemein empfehlenswert. Manchmal raten wir, mehr Objekte zu benützen oder ein Hauptobjekt zu verwenden.

Die Anstrengung, zum Hauptobjekt zurückzukommen, ist ein weiteres Mittel, um Energie zu schaffen.

Eine Technik, die sich für manche Meditierende eignet, ist das im Rahmen dieser spezifischen Vipassana-Tradition ursprünglich verwendete ›innere Benennen‹. Dies bedeutet, im Geist ein einzelnes Wort, das die im Moment vorherrschende Erfahrung beschreibt, sanft zu wiederholen. Die Benennung sollte mit dem Objekt übereinstimmen. Wenn wir zum Beispiel achtsam beim Atem weilen, könnte die Benennung bei jedem Atemzug ›ein‹, ›aus‹, ›ein‹... lauten. Sobald wir eines Gedankens gewahr werden, notieren wir ›Denken, Denken‹. Wenn ein Körpergefühl vorherrscht, benützen wir die entsprechende Bezeichnung. Das innere Notieren ist ein

Weg, die Erfahrung eines jeden Moments ›einzurahmen‹, um klar und genau zu erkennen, was geschieht. Dabei darf das Benennen nicht den unmittelbaren Kontakt mit dem Objekt ersetzen, sondern diesen vertiefen. Wenn beim Üben die Achtsamkeit und die Sammlung sehr stark werden, fällt diese Technik des inneren Notierens weg. Am Anfang kann sie jedoch eine große Hilfe sein. Sie erfordert Anstrengung, und dies ist einer der Gründe, weshalb manche dieses innere Notieren oft meiden; denn es ist leichter, einfach dazusitzen und zu beobachten. Aber in dieser Methode ist ein bestimmtes Bemühen enthalten, das im Geist Energie erzeugt. Überdies erfordert die dauernde Aufmerksamkeit eine Art von Anstrengung, die ebenfalls Energie schafft.

Die anhaltende Anstrengung, dies alles zu tun, baut die energetische Schwungkraft auf, das uns befähigt, die Vergänglichkeit, die unbefriedigende Natur und die Selbst-losigkeit der Erscheinungen auf immer tieferen Ebenen zu erkennen.

FvA: *Sollen diese Techniken auf jeder Ebene der Meditation angewendet werden? Oder sind von einer gewissen Tiefe an andere Mittel angezeigt?*
JG: Die Vertiefung der Praxis kommt auch aus dem richtigen Gleichgewicht der spirituellen Fähigkeiten wie Vertrauen, Anstrengung, Achtsamkeit, Sammlung und Weisheit. Wenn eine dieser Eigenschaften aus dem Gleichgewicht geraten ist, wird Vertiefung verhindert. So müssen wir zusätzlich zu jenen Dingen, die ich erwähnt habe, Sorge tragen, dass Weisheit und Vertrauen im richtigen Gleichgewicht sind. Manchmal besteht ein Übermaß an Vertrauen, das dazu führen kann, zu viel über die Lehre zu reflektieren und dadurch zeitweise das klare Beobachten zu vernachlässigen. Zu anderen Zeiten kann zu wenig Vertrauen vorhanden sein, und wir verlieren den Mut. Wir müssen auch darauf achten, dass die Faktoren der Anstrengung und der Sammlung ausgeglichen sind. Sind sie es nicht, wird die Praxis behindert. Wann immer man sich durch Überanstrengung verkrampft hat, ist Entspannung angezeigt. Ist man zu lasch, braucht es mehr Anstrengung. So geht es um ein dauerndes Ausbalancieren des jeweiligen Ungleichgewichts. Aus diesem Grund sind Interviews mit den Lehrenden

sehr hilfreich; denn für einen selbst sind Ungleichgewichte schwierig zu lokalisieren.

FvA: *In einigen buddhistischen Meditationstraditionen wird auch das Erforschen und Fragen für die Vertiefung der Praxis als wichtig erachtet. Hat dieses Mittel auch in deiner Meditationsschulung eine Funktion?*
JG: Bei dieser spezifischen Form der Praxis wird das Erforschen nicht so sehr durch Fragen oder Reflektieren entwickelt, sondern eher durch das Beobachten dessen, was mit jedem Objekt vorgeht, dessen wir gewahr werden. Wenn wir des Atems, der Empfindung, des Gedankens oder der Emotion gewahr sind und sie im Geist notieren, dann geschieht dies nicht nur, um in diesem Gewahrsein zu ruhen, sondern auch, um klar und aktiv zu sehen, was mit diesem Objekt geschieht: wird es stärker, schwächer, verändert es sich oder verschwindet es? Es ist diese Art des Erforschens und des sorgfältigen Betrachtens, die zu vertiefter Einsicht in die Vergänglichkeit, die unbefriedigende Natur und Selbst-losigkeit der Erscheinungen führt. Auf diese Weise realisieren wir deren veränderliche Natur nicht nur theoretisch, sondern durch direktes Sehen genau in diesem Moment. Wenn wir das Zusammentreffen von Bewusstsein und Objekt wahrnehmen, erkennen wir, dass die Phänomene außerhalb unserer Kontrolle und Selbst-los sind. Das ist die wichtigste Funktion des Erforschens. Es ist recht schwierig, dies zu praktizieren. Um es zu erleichtern, verwenden wir oft die Form des Interviews mit dem Beschreiben der Wahrnehmungs- und Erfahrungsabläufe, wobei gefragt wird, ob und wie sich die einzelnen Objekte verändern. Das ist anspruchsvoll und deshalb wertvoll. Die Leute werden ermutigt, auf eine forschende Weise zu schauen, obschon dies nicht durch Denken oder Reflektieren geschieht. Es ist einfach klares, intuitives und direktes Sehen.

Zu anderen Zeiten sind andere Arten des Erforschens angemessen. Zum Beispiel kann jemand selbst bei recht großer Anstrengung nur mit Mühe längere Zeit beim Atmen verweilen. Dies könnte ein Zeichen dafür sein, dass im Geist oder im Körper etwas vorgeht, das wir nicht wahrhaben wollen. Dieses wird nun zum Punkt, wo für einen Moment innegehalten und hingeschaut wird: was läuft hier ab? Es könnte sich um ein allgemeines körperliches Unbehagen handeln, das wir nicht anschauen wollen, oder um einen Geisteszustand oder eine Flut von Gedanken ... So ist dies eine andere Art des Erforschens, wenn es schwierig ist, bei einem gewählten Objekt zu bleiben: Wir halten inne und schauen, was den Geist sonst beschäftigt und wofür wir uns noch nicht geöffnet haben.

Eine weitere Art des Erforschens kann wirkungsvoll sein bei Gedanken, die sich dauernd wiederholen; wenn derselbe Gedanke ständig wiederkehrt, gleich wie oft wir davon Notiz genommen haben. Da könnte es hilfreich sein zu schauen, ob sich dahinter eine Emotion verbirgt, die nicht anerkannt worden ist und welche die Gedanken antreibt.

All diese Arten des Erforschens sind nicht speziell reflektierend. Wir denken also nicht über diese Dinge nach, sondern halten für einen Moment inne und beobachten direkt, um zu erkennen: Was geht vor sich? Was will unserer Achtsamkeit entgehen?

Es gibt andere Momente, in denen kurze Überlegungen über die Lehre angemessen sind, um Verwirrung zu beseitigen und das Vertrauen zu inspirieren. Unterschiedliche Methoden des Erforschens sind zu verschiedenen Zeiten angemessen.

FvA: *Welche Bedeutung haben Liebe und Akzeptieren für die Vertiefung der Praxis?*

JG: Die Meditation der liebevollen Zuwendung (Metta) ist eine Möglichkeit, den Geist zu öffnen und sanfter zu machen. Sie wird oft für eine kürzere Zeit zu Beginn der Sitzmeditation geübt. Vor allem, wenn wir nicht fähig sind, die momentane Erfahrung anzunehmen, ist sie ein Mittel, den Geist sanfter und geräumiger werden zu lassen. Später hat die Metta-Meditation als Zusatz zur Vipassana-Praxis erneut ihren Wert, wird aber dann ausschließlicher als Samadhi-Praxis, das heißt Sammlungs-Praxis geübt. Intensive Metta-Meditation ist ein Weg, die Sammlung zu vertiefen. Die daraus resultierende Kraft der Sammlung unterstützt ihrerseits dann wieder die Vipassana-Meditation, verleiht ihr Kraft, Stärke und Stabilität.

Liebevolle Zuwendung ist auch eine hilfreiche und wundervolle Art, in der Welt zu sein; sie vertieft die Qualität des Mitfühlens mit anderen Menschen und Lebewesen. Auf diese Weise trägt sie auch dazu bei, uns von

Hass und Aversion zu befreien und eine Sphäre der Liebe und des Glücks zu schaffen, in welcher wir leben.

FvA: *Wie äußert sich diese Qualität der Liebe und des Akzeptierens durch die Praxis?*
JG: Eine Folge der Vertiefung in der Praxis hat mit einer inneren Leichtigkeit und Weiträumigkeit des Geistes zu tun. Dazu gehört, dass die Qualität des Akzeptierens zunimmt, angefangen bei einem selbst. Wir bewerten uns weniger, weder durch Verurteilung noch durch Selbsterhöhung. Nach außen wirkt sich dies in der Folge so aus, dass wir andere vermehrt akzeptieren und sie weniger kritisch oder richtend betrachten. Das heißt nicht, dass die Haltung des Urteilens völlig ausgemerzt wird; man bekommt eher ein Gefühl dafür, sie als das zu sehen, was sie ist: ein spezifisch urteilendes Gedankenmuster, dem man keinen besonderen Glauben zu schenken, das man aber auch nicht zu verurteilen braucht. Diese Haltung des Akzeptierens ist auch ein notwendiger Hintergrund oder eine Komponente von echten Gefühlen der Liebe und des Mitgefühls. Wenn der Geist gewöhnt ist zu urteilen und zu vergleichen, zu wünschen und abzulehnen, dann stehen wir nicht wirklich in Beziehung mit einem anderen Menschen, sondern wir beziehen uns auf die eigenen Projektionen. Echte Liebe und wirkliches Mitgefühl entstehen aus einem stillen Geist, der andere Personen so empfinden und erfahren kann, wie sie sind.

FvA: *Siehst du Liebe als eines der Ziele dieser Praxis an, oder eher als Mittel zu etwas anderem?*
JG: Ich betrachte diese Qualitäten des Geistes als Rahmen oder Hintergrund für die Vipassana-Übung und auch als die aktive Manifestation der Weisheit. Liebe und Mitgefühl ermöglichen uns, mit innerer Geräumigkeit und entspanntem Geist zu üben. Und in dem Ausmaß, in welchem wir die Wahrheit des Leidens in uns selbst wie in der Welt und auch die Selbst-losigkeit dieses Prozesses verstehen, wird auch unsere Beziehung zu anderen mehr und mehr und ganz natürlich motiviert durch diese Gefühle der liebevollen Zuwendung.

FvA: *Es stellt sich auch die Frage nach der Transformation, wenn die Meditation tiefer wird. Dabei findet eine Umwandlung des Geistes statt. Was bewirkt sie? Auf welche Art transformiert sich der Geist?*

JG: Transformiert werden die Verunreinigungen des Geistes (Kilesa/Kleśa). Sie werden geschwächt und dann ausgemerzt. Das Bewusstsein verändert sich in der Weise, dass der von starken Verunreinigungen durchsetzte Geist zunehmend freier davon wird. Als Verunreinigung werden jene Geistesfaktoren bezeichnet, die Leiden verursachen, wie Gier, Hass und Verblendung, Furcht, Neid und Eifersucht. Es ist wichtig zu verstehen, dass uns das Vorhandensein dieser Unreinheiten nicht auf irgendeine metaphysische Weise zu schlechten Wesen stempelt, sondern dass sie uns leiden machen. Deshalb bedeutet die Befreiung des Geistes von diesen Verunreinigungen wirklich die Befreiung vom Leiden. Und das ist die Transformation, die sich ereignet. In einem gewissen Sinn ist die ganze buddhistische Lehre eine solche des Weges zum Glück; sie befreit den Geist von Dingen, die ihn quälen. So wird der Geist immer leichter oder lichter, wird buchstäblich erleuchtet. Herbeigeführt wird die Transformation durch die Entwicklung der Erleuchtungsfaktoren, wie z.B. Achtsamkeit, Sammlung, freudiges Interesse, Energie, Gelassenheit. Was wir üben, ist in der Tat die Entwicklung dieser Faktoren. Sie können sowohl im Retreat wie draußen kultiviert werden. Jedesmal, wenn wir Großzügigkeit üben, fördern wir das Nicht-Begehren und die liebende Zuwendung.

FvA: *Bedeutet dies, dass Transformation schrittweise stattfindet, oder kann sie auch plötzlich eintreten?*

JG: Beides, schrittweise und plötzlich. Es gibt das schrittweise tiefer werdende Verstehen der drei Merkmale aller Erscheinungen: ihre Vergänglichkeit, ihre unbefriedigende Natur und ihre Selbst-losigkeit. Werden diese mit mehr Klarheit gesehen, schwächen sie die Macht der Gier, des Hasses und der Verblendung.

Aber auch eine plötzliche Verwirklichung ist möglich, wenn sich der Geist dem Unbedingten öffnet. Dies geschieht in einem Augenblick, spontan und plötzlich, und hat die Kraft, die Verunreinigungen zu beseitigen. Sie beseitigen bedeutet, dass gewisse Verunreinigungen auf jeder Stufe der Erleuchtung eliminiert werden. Sie können nicht mehr entstehen, weil dies eine vollständige Art der Reinigung ist.

Doch in Bezug auf die Verwirklichung bei anderen möchte ich davor warnen, voreilige Schlussfolgerungen zu ziehen. Jemand mag weise erscheinen oder reden; wenn wir diese Person indes beobachten und sie genau kennenlernen, nehmen wir möglicherweise Dinge wahr, die irgendwie nicht stimmen. Umgekehrt gibt es Leute, die eher einen schwierigen Charakter zu haben scheinen; doch wenn wir sie besser kennenlernen, beginnen wir ihre Weisheit und Erkenntnis zu schätzen. So bedarf es großer Nähe und Sorgfalt, um jemanden wirklich zu verstehen.

FvA: *Du hast die schrittweise Transformation erwähnt. Kannst du etwas über die verschiedenen Ebenen der Erkenntnis sagen?*
JG: Ich sehe vier verschiedene Ebenen. Eine davon ist die Stufe von jemandem, der sich auf dem Weg befindet, der am Prozess zur Befreiung seines Geistes von Verunreinigungen arbeitet; er oder sie beginnt, in sich eine größere Geräumigkeit wahrzunehmen, wo es weniger Identifikation und Gier gibt, dafür aber mehr Großzügigkeit und Gefühle der liebevollen Zuwendung.

Die nächste Ebene betrifft jene Menschen, die eine erste Realisation des Unbedingten erfahren haben. Personen auf dieser Ebene zeichnen sich dadurch aus, dass sie keine Zweifel haben in Bezug auf Dharma, den Weg, und das verleiht ihnen Vertrauen und Inspiration. Dies ist möglicherweise auch für andere wahrnehmbar. Doch noch bleibt viel zu tun.

Auf der dritten, einer weiteren wichtigen Erleuchtungsstufe, sind Begehren und Ablehnung beseitigt. Das ist eine grundlegende Transformation und gewiss sehr außergewöhnlich.

Auf der vierten Ebene ist der Geist völlig frei von Verunreinigungen, nachdem man die Arbeit getan hat und sagen kann (wie es in den Texten oft heißt): »Was zu tun war, ist getan.«

Die vollendetste Verwirklichung ist jene des Buddha, der die großen Vollkommenheiten der Weisheit und des Mitgefühls vollständig verkörpert, zum Wohl aller fühlenden Wesen.

Spirituelle Praxis und Psychotherapie

Gespräch mit Jack Kornfield (JK)

Jack Kornfield, geboren 1945 an der Ostküste der USA, verbrachte sechs Jahre in Asien, wo er als Laie wie als Mönch in Klöstern und Meditationszentren des Theravada-Buddhismus studierte und praktizierte. Nach seiner Rückkehr in den Westen erwarb er den Ph.D. in klinischer Psychologie. Er ist Mitbegründer der Insight Meditation Society in Barre, Massachusetts und hat am Naropa Institut, am Esalen-Institut und an anderen Zentren weltweit unterrichtet. Er ist Co-Autor von ›Ein stiller Waldteich‹ von Ajahn Chah (Theseus), von ›Einsicht durch Meditation‹ und von ›Geschichten des Herzens‹ (beide Arbor) und Autor von ›Frag den Buddha und geh den Weg des Herzens‹ (Kösel), ›Nach der Erleuchtung… ‹ (Goldmann), ›Das weise Herz‹ und ›Erleuchtung finden in einer lauten Welt‹ (beide Arkana). Sein Lehrstil verbindet tiefe Meditation, umfassendes Verständnis der Lehre sowie therapeutische Arbeit auf psychologischer Ebene. Großen Wert legt Jack auf die Integration der Praxis in Alltag, Beruf und Familie. Er hat eine erwachsene Tochter. Er ist Mitbegründer des Meditationszentrums ›Spirit Rock‹ nördlich von San Francisco und ist maßgeblich an dessen Leitung beteiligt.

FvA: *Jack, als Praktizierender wie auch als Lehrer kennst du dich in beidem aus, in Meditation und in Therapie, und du lebst in Kalifornien, im Lande der unbegrenzten spirituellen Vielfalt. Kannst du dieses ganze weite Gebiet von Psychotherapie und Dharmapraxis erhellen und die Unterschiede aufzeigen?*
JK: Wahre spirituelle Praxis ist ein langer Prozess, welcher Hingabe, Disziplin und inneres Training einschließt.

Daraus kann eine Transformation unseres ganzen Seins hervorgehen. Nun gibt es ein reichhaltiges Angebot von Übungswegen auf dem Markt:

solche, die mit Psychotherapie verbunden sind, andere in Form von alternativen Workshops jeder Art, wieder andere stützen sich auf alte spirituelle Traditionen wie Buddhismus, Hinduismus, Christentum, und einzelne sind jüngeren Datums. Man findet Hunderte von Inseraten in Magazinen, in denen Astrokartographie, verschiedene Arten medialer Botschaften, spezielle Diätkuren oder spirituelle Kristalle angeboten werden. Wenn dir solche Dinge außergewöhnliche Erfahrungen, Visionen, Astralreisen, Lichterscheinungen, Reisen in höhere oder niedrigere Sphären ermöglichen, so kannst du gewiss das eine oder andere ausüben. All das mag einen gewissen Wert haben. Aber nichts davon wird die gründliche Arbeit einer echten Praxis vollbringen, die während Jahren Liebe, Verstehen und Disziplin erfordert. Wenn du deine Beziehung zu dir selbst, zu deinem Leben und zu allen Dingen rund um dich herum transformieren willst, dann mach dir darüber keine falschen Vorstellungen und erwarte kein spirituelles Mac Donalds. Wird dir etwas angepriesen, das dein ganzes Leben in kurzer Zeit verändern soll, so spar dir lieber das Geld.

Die wahren spirituellen Prinzipien sind einfach und bleiben immer dieselben. Es ist notwendig, dass wir uns mit der Dunkelheit konfrontieren und unseren Ängsten und Schatten begegnen, aber auch liebende Zuwendung der ganzen Welt entgegenbringen. Als der Dalai Lama gefragt wurde, wie man spirituelle Fortschritte messen könne, sagte er: »Nun, lass dir ein wenig Zeit, vielleicht fünf oder zehn Jahre. Dann schau, ob in deinem Leben eine positive Veränderung zu erkennen ist.« Oder nehmen wir uns den chinesischen Zen-Meister Hsu-yün als Beispiel. Nach jahrzehntelangem Lernen und Üben begann er mit siebzig zu lehren, und er lehrte, bis er 1959 in Schanghai im Alter von 120 Jahren starb. »Was ihr für eure spirituelle Praxis benötigt, ist ein lange ausdauernder Geist«, riet er seinen Schülern.

FvA: *Welche Möglichkeiten siehst du, um einen guten, wahren Weg zu erkennen?*

JK: Jenen, die dieses Buch lesen und die an den großen spirituellen Traditionen interessiert sind, empfehle ich Markennamen: buddhistische, hinduistische, christliche, chassidische, sufische Überlieferungen oder

Übungswege, denen während Jahrhunderten Millionen Menschen in verschiedenen Kulturen gefolgt sind. Dies ist ein guter Weg, um eine vorzügliche Praxis zu finden.

Zum zweiten: Finde einen guten Lehrer. In fast allen Fällen kann eine tiefgreifende spirituelle Transformation nicht allein bewältigt werden. Ich bin Tausenden von Dharma-Übenden begegnet, die buddhistischen, hinduistischen oder anderen Wegen gefolgt sind. Fast nie fand ich Leute, deren Praxis, spirituelle Weisheit und Mitgefühl ich als tief empfand und die diesen Weg allein auf sich gestellt gingen. Immer wieder sah ich, dass jene, die dem Pfad in die Tiefe der Befreiung und des Mitgefühls gefolgt waren, dies in irgendeiner Form unter der systematischen Führung einer Lehrerin, eines Lehrers und eines Schulungswegs getan hatten.

FvA: *Wie erkennt man unter denen, die sich als Lehrende anbieten, die echten? Oft gibt es Menschen, die sich als solche proklamieren und die dies möglicherweise nicht sind. Wie soll man das wissen?*
JK: Dies lässt sich nicht so einfach erkennen. Aber es gibt nützliche Hinweise. Einer davon besteht darin, sorgfältig zu schauen und zu spüren, ob diese Person integer erscheint, lebt, was sie lehrt, ehrlich ist und die spirituellen Werte, von denen sie spricht, vergegenwärtigt.

Zweitens, sieh ihre Schüler und Anhänger an und schau, ob es darunter Leute gibt, die mit Weisheit, Güte, ohne Furcht und Ängste leben und die diese spirituellen Werte repräsentieren.

Nimm dich, drittens, vor all jenem in acht, das verlangt, deinen Körper, viel Geld oder deinen Humor hinzugeben, das große Geheimniskrämerei auferlegt oder eine doppelte Moral hat. Hüte dich auch vor allem, was unlängst von einer Person als die neue, größte Religion aller Zeiten geschaffen worden ist.

FvA: *Welches ist der Zweck der spirituellen Praxis? Was kann sie für uns tun?*
JK: Wenn man sich nach einer tiefen inneren Veränderung sehnt, so sollten folgende Dinge verstanden werden.

Erst einmal heißt es nicht, dass sich der Körper verändert; er bleibt derselbe durch und durch menschliche Körper. Sodann heißt es auch nicht, dass sich deine Persönlichkeit besonders verändert. Du hast mehr oder weniger die alte, gewöhnliche Persönlichkeit. Weiter heißt es auch nicht, dass sich dein Geist allzu sehr verändert; er wird immer noch denken, planen und so weiter.

Die große Veränderung besteht in deiner Beziehung zu all dem und in einer Veränderung des Herzens. Statt anhaftend, furchtsam, verurteilend, aggressiv und in den Dramen von ›ja oder nein‹, ›gut und schlecht‹ verstrickt zu sein, wirst du einen Ort der Ruhe, des Friedens und der Losgelöstheit finden. Statt in der Getrenntheit des Selbst gefangen zu sein, kannst du einen Ort der Selbstlosigkeit entdecken, der dich jenseits von ›mich‹ und ›mein‹, von ›ich‹ und ›andere‹, jenseits der Sorge des Besitzens und Verlierens sein lässt. Anstelle der Verschlossenheit, die aus dem Glauben an unsere Getrenntheit vom Ganzen von uns Besitz nimmt, kann ein allumfassendes Mitgefühl entstehen. Dadurch spüren wir die Sorgen und die Freuden der Welt als unsere eigenen und können in Offenheit und Freiheit inmitten von all dem leben.

FvA: *Welche Art von Praxis und innerer Arbeit hältst du für die nützlichste, um ein Wachstum in der von dir erwähnten Richtung zu erzielen?*
JK: Um das zu verwirklichen, was der Buddha als die endgültige Befreiung des Herzens und des Geistes oder als das Ende von Gier, Hass und falscher Wahrnehmung bezeichnet hat, sollten wir verstehen, dass sich die innere Arbeit auf alle Bereiche unseres Daseins erstrecken muss. Einer der wichtigsten vom Buddha gelehrten Wege ist jener der Achtsamkeit in Bezug auf den Körper, die Gefühle, den Geist und die Gesetzmäßigkeiten des Daseins. Um Frieden zu erlangen, müssen wir all diesen Bereichen Achtsamkeit widmen. Es genügt nicht, nur des Körpers oder nur des Geistes gewahr zu sein und dabei die Gefühle außer acht zu lassen. Ebenso wenig können wir es damit bewenden lassen, uns ausschließlich der Gefühle innezuwerden. Was not tut, ist eine klare und liebevolle Zuwendung zu allen diesen Bereichen. Dadurch können wir entdecken, wo wir anhaften, was Leiden oder Unfreiheit verursacht und wie wir uns da-

von befreien können. Buddhistische Praxis hat durch die Jahrhunderte alle diese Bereiche mit einbezogen. Von Anbeginn lehrte der Buddha den Achtfachen Pfad, der Reden, Handeln, Lebenserwerb, Sammlung und Achtsamkeit einschließt. Aus den Hunderten von Übungen, die der Buddha selbst lehrte, sind durch die unterschiedlichen Überlieferungen in verschiedenen Ländern unzählige weitere Übungen entstanden. Sie alle zielen im Kern darauf hin, die Aufmerksamkeit einem der vier genannten Lebensbereiche (Körper, Gefühle, Geist, Daseinsgesetze) zuzuwenden. Dadurch kann unsere Beziehung dazu sich von einer solchen des Anhaftens, der Furcht oder der Aggression zu einer Beziehung der Freiheit, des Loslassens und der Gewaltlosigkeit wandeln.

FvA: *Hast du das Gefühl, dass die Dharmapraxis, wie sie in den Westen gekommen ist, diese Vielfalt und den Reichtum der Zugänge und Methoden bewahrt hat?*

JK: So wie zum Beispiel die Vipassana-Meditation im Westen gelehrt worden ist, wurde sie unglücklicherweise in erster Linie auf zwei oder drei Elemente des achtfachen Pfades beschränkt: Gewahrsein und Sammlung in der Form von Sitz- und Gehmeditation. Der Buddhismus in Thailand, Indien, Burma und Sri Lanka, woher die Vipassana-Meditation stammt, bietet ein viel weiteres Übungsfeld an. Hier sind Lebenserwerb, Reden, Ethik, Güte und Großzügigkeit wesentliche Elemente des Befreiungsweges. Diese Gebiete der Achtsamkeit sind im Westen vernachlässigt worden, weil sich die Einsichtsmeditation hier bisher fast ausschließlich auf die Retreatpraxis beschränkt hat. Doch sie sind ebenso wichtig wie die Erfahrungen in der Sitzmeditation.

Bei der Übung des Sitzens können wundervolle Erfahrungen gemacht werden. Man kann lernen, sich mit seinen Ängsten zu konfrontieren, die unangenehmen und schmerzhaften Empfindungen des Körpers aufzulösen; man kann zur Ruhe kommen, den Geist zu Licht und Raum werden lassen; man kann die tiefe Wahrheit der Selbstlosigkeit erkennen, loslassen lernen und den zeitlosen, ruhigen Ort der Freiheit berühren. Ich lege die Übung der Meditation allen sehr ans Herz.

Gleichzeitig weiß ich indes von vielen Menschen, die in der Meditation tiefe Erfahrungen solcher Art machten, sich aber in wesentlichen Bereichen ihres Lebens immer noch mit Gier, Hass und falscher Wahrnehmung herumzuschlagen haben.

FvA: *Wenn Sitzmeditation nicht genug ist, was empfiehlst du dann?*
JK: Praxis scheint genau das zu erfordern, was Buddha den achtfachen Pfad nannte: vollständige Achtsamkeit in Bezug auf alle Dimensionen unseres Lebens. Deshalb empfehle ich folgendes:

Erstens, meditiere unter Leitung eines guten Lehrers, einer guten Lehrerin, systematisch während einigen Jahren, bis du die Meditation als eine Kunst und eine Wissenschaft ausüben kannst und lernst, sie unter den verschiedensten Umständen anzuwenden, so dass sie zu einem Universalwerkzeug für dich wird.

Zweitens, lebe mit ethischer Verantwortlichkeit. Arbeite mit Nicht-Verletzen bei all deinen Tätigkeiten, halte dich an die Lehren, gleich, ob es die Fünf Verhaltensregeln oder die Zehn Gebote sind; mache die universellen ethischen Regeln zu einem Teil deines Lebens.

Drittens, übe Großzügigkeit und Hingabe. Lerne zu dienen, und mache die Erfahrung der Freude, die aus dem Geben deiner Zeit, Energie, Liebe und deines Geldes kommt.

Nimm sodann die wichtigen Bereiche deines Lebens systematisch unter die Lupe: deinen Körper, deine Gefühle, deine Arbeit, deine Beziehungen, dein Verhältnis zu dieser Erde, deinen Geist, und frage dich: Wo bin ich achtsam und frei? Wo bin ich mitfühlend und verstehend? Frage dich auch ganz ehrlich: Wo halte ich fest? Wo stehe ich unter Zwängen, wo träume ich? Wo bin ich unreif? Wo mangelt es mir an Weisheit? Dort, wo du weise, mitfühlend und wach bist, fahre so weiter. Wo du dich als verträumt, von Zwängen beherrscht, furchtsam, begierig oder hassend erfährst: das sind die Bereiche, in denen du besonders arbeiten musst. Vergegenwärtige sie dir regelmäßig. Du solltest aber auch verstehen, dass manche davon nicht so leicht durch Sitzmeditation berührt und beeinflusst werden können. Hier können Therapie, Arbeit mit Beziehungen, Lebensberatung, Helfen und Dienen sowie viele weitere Möglichkeiten des spirituellen Lebens zum Zuge kommen. Was die Psychotherapie betrifft, so hat die Mehrheit der erfolgreichen Meditierer, denen ich begegnet bin, davon sehr viel profitiert. Für viele, die nie in einer Therapie waren, könnte eine solche sehr nützlich sein.

FvA: *Welches sind Bereiche, die uns Schwierigkeiten bereiten können, und was kann uns dabei helfen?*
JK: Wenn du Schwierigkeiten in deinen Beziehungen erfährst, wird dir Meditation nicht sehr viel helfen. Mache einen guten Therapeuten ausfindig oder ein Übungssystem, das dir ermöglicht, Licht und Klarheit in deine Beziehungen zu bringen dort, wo Ängste und Fixierungen vorherrschen.

Wenn du Probleme mit Geld und mit deiner Arbeit hast, wird dir Meditation dabei auch nicht viel helfen. Suche eine Lehrerin oder einen Berater, der sich mit solchen Fragen befasst.

Hast du eine problematische, von Zwängen dominierte Beziehung zu deinem Körper – ist er zu mager oder zu dick, überisst du dich oder hungerst du, überforderst oder vernachlässigst du den Körper oder hörst du nicht auf ihn –, so wird dir Meditation auch nicht viel weiterhelfen. Wähle eine angemessene Disziplin oder Schulung für diesen Bereich.

Du bist für deine Praxis selbst verantwortlich; du musst selbst herausfinden, in welchen Bereichen du frei bist und in welchen nicht. Es ist nicht die Frage, was tiefgründiger ist, ob Therapie, Dienen und Hingabe, Sitzmeditation, oder Körperarbeit. Wir müssen uns mit allen diesen Bereichen beschäftigen. Wenn man sich das Leben der großen Mehrheit von Zen-Meistern, Swamis, Lamas und anderer östlicher Lehrer anschaut, die in den Westen gekommen sind, so sieht man die unterschiedlichsten Dinge. Sogar bei ihnen kann man neben tiefer Erkenntnis, Weisheit und Mitgefühl auch Verwirrung in anderen Lebensbereichen finden. Dann wird es bei uns selber kaum anders sein.

FvA: *Was sagst du zur Auswahl an Therapien? Welches sind hilfreiche Therapiearten?*
JK: Es gibt eine sehr große Zahl von Therapien. Einige davon sind gut, manche mittelmäßig oder sogar schlecht.

Du musst dich wirklich gut umschauen. Wähle einen oder zwei Therapietypen mit anerkanntem Namen, und wenn du sie gut findest, praktiziere sie für lange Zeit, bleibe dabei und erstrecke die Arbeit auf alle Bereiche, die dir Leiden bereiten.

Wichtiger noch als die Art der Therapie sind Verständnis und Weisheit der Person, mit der du arbeitest. Die Therapie ist das Werkzeug, aber die Weisheit der Person wird mehr vollbringen.

Manche Meditierende finden, dass gewisse nonverbale Therapien hilfreich sind: solche, die Körper- oder Atemarbeit einbeziehen, wie die Reichschen Methoden; solche, die symbolische Mittel benützen, wie Träume, Sandspiel, geführte Visualisierung oder Psychosynthese; solche, die aktiver sind, wie Gestalttherapie oder Methoden, die körperbezogen, verbal und kognitiv sind wie Focusing oder Somatic Experiencing. Diese Therapien können unter Umständen angemessener sein als ausschließlich verbale Methoden.

Ganz allgemein ist es wichtig zu verstehen, dass ein guter Teil der Therapie, wie auch der Meditation, nicht darauf ausgelegt ist, uns zu verändern, sondern darauf, frei zu werden in Bezug auf das, was vorhanden ist. So ist man nach einer erfolgreichen Therapie oft mehr sich selbst, als dass man ein anderer Mensch geworden wäre. Das heißt, dass wir auch unsere schwierigen Seiten – und die der anderen – besser annehmen können.

FvA: *Du sprachst von guten Therapeuten. Woran können wir sie erkennen?*
JK: Es ist nicht anders, als wenn wir nach guten Meditationslehrern oder -lehrerinnen Ausschau halten. Du fragst herum, bis du von verschiedenen Leuten hörst, dass jemand gut sei. Dann gehst du hin, probierst aus und schaust, ob dein Gefühl dabei stimmt. Auch siehst du, ob sich die Therapie wirklich mit jenen Bereichen befasst, denen du dich widmen solltest, und ob sie heilend wirkt. Nach einem halben, einem oder zwei Jahren ziehst du Bilanz. Therapie und Meditation sind in dieser Beziehung nicht sehr verschieden. Gute Therapie ist zwischenmenschliche Meditation; eine andere Person sitzt mit dir, hilft dir, Gewahrsein zu üben, die Muster von Anhaften und Furcht zu sehen und zu lernen, von diesem Leiden frei zu werden.

FvA: *Du hast erläutert, wo Therapie hilfreicher ist als Meditation. Was kann nun Meditation bewirken, wozu Therapie nicht imstande ist?*
JK: Es gibt Dinge, die ein Resultat vor allem der Meditation sind, weil diese die Achtsamkeit mit einem tiefen Grad der Konzentration (Samadhi) kombiniert. Da Therapie sehr selten Samadhi mit einschließt, bleibt sie in der Regel auf der Ebene der Beziehung zu uns und unseren Gefühlen, Gedanken usw. Durch starkes Samadhi, das eine Folge tiefer Meditation ist, kann die Achtsamkeit eine Ebene erreichen, wo Körper und Geist aufgelöst werden können oder wo eine Erfahrung der Selbst-losigkeit möglich wird. Diese ist in der Therapie viel seltener zu finden, kann allerdings in gewissen Fällen ebenfalls berührt werden. So führt uns die Meditation häufiger in stille Bereiche und zu eher mystischen Erfahrungen von der Art, wie sie durch den Buddha und andere große spirituelle Lehrer beschrieben worden sind. Deshalb ist die Praxis der alten Traditionen, wonach wir uns aufgeben, um etwas Größeres und Wertvolleres zu entdecken, in der heutigen Zeit immer noch notwendig.

FvA: *Wir haben also eine ganze Anzahl Mittel zu unserer Entwicklung und Befreiung. Handelt es sich dabei ausschließlich um eine Beschäftigung mit sich selbst, oder kann dieser Befreiungsweg auch nach außen wirken? Und kommt eine solche Wirkung von selbst zustande, oder müssen wir sie durch eine Anstrengung zu erlangen suchen und in unsere Praxis einbeziehen?*
JK: Dies kann man auf zwei Arten verstehen. Wenn ein zorniger Mensch einen Raum betritt, in dem du meditierst, spürst du sofort die Art der Energie, obschon diese Person kein Wort sagt; alles wird davon berührt. So lautet die erste Antwort: Wir können nicht an uns selbst arbeiten, ohne alle anderen Wesen mit zu beeinflussen. Wenn wir uns mit unserem Verlangen, dem Hass, und der Täuschung konfrontieren und lernen, achtsam und frei zu sein, erfahren wir in uns Frieden, Liebe und Furchtlosigkeit. Diese Qualitäten berühren alle Menschen und die ganze Erde.

Die zweite Antwort drückt ein Paradox aus, wie dies bei vielen Antworten über die Natur des Herzens der Fall ist. Ja, es ist möglich, vor allem in den frühen und mittleren Stufen der Praxis, vorwiegend mit sich selbst beschäftigt zu sein. Manchmal ändert sich dies von selber. Indem wir friedvoller werden, wächst das Mitempfinden mit den Leiden und Sorgen der Menschen und den anderen Formen des Lebens rund um uns, und daraus erwächst eine natürliche Haltung der Güte und des Mitgefühls mit allen Wesen.

Aber nicht immer verläuft die Entwicklung so. Einige Menschen üben dermaßen intensiv, um sich zu heilen, oder sie erfahren das Leiden der Welt so stark, dass ihre Reaktion darauf eine verborgene Angst oder Ablehnung gegenüber dem Ausmaß des Leidens enthält. Das hat zur Folge, dass ihre Praxis sie irgendwie in ihrem kleinen Gefühl des Selbst verfangen sein lässt. Für ein solches Selbst ist sogar Freiheit etwas Getrenntes. Deshalb ist es oft nützlich und manchmal notwendig, den Brennpunkt der Praxis zu verändern: ihn nicht mehr nur auf sich selbst zu richten, sondern auf den Geist des Dienens und Gebens. So heißt es im Zen, dass es nur zwei Dinge zu tun gibt: du sitzt, und du kehrst den Garten, gleich, wie groß er ist.

Ursprünglich befasst sich unsere Praxis mit der Heilung des Leidens in uns selbst. Solches Heilen ereignet sich, wenn die Spaltung von Körper und Geist, von Gut und Böse, der Konflikt zwischen Idealen und der gegenwärtigen Erfahrung aufgehoben wird. Dann ist es notwendig, dass die Spaltung zwischen Ich und übriger Welt ebenfalls geheilt wird. Die Erde leidet auch unter dieser Kluft im menschlichen Herzen. Es gibt Hunger und Krieg weltweit, ökologische Zerstörung und industrielle Profitsucht. Dies alles schafft riesiges und unnötiges Leiden sowie Gefahren für die heutigen und zukünftigen Lebewesen. An einem gewissen Punkt müssen wir erkennen, dass wir von der Erde nicht getrennt sind. Deshalb können wir unsere Praxis nicht auf unsere eigene Heilung beschränken, sondern dehnen sie auf alle Lebensbereiche aus. Jeder und jede von uns wird entsprechende Wege finden: wirtschaftliche, politische, wissenschaftliche, künstlerische, soziale – es gibt hunderttausend Wege, wie Rumi sagt, um die Erde zu heilen und zu küssen.

Frau und Spiritualität

Christina Feldman (CF) im Gespräch mit Fred von Allmen

Christina Feldman wuchs in Kanada auf. Sie reiste 1970 nach Indien, wo sie während fast drei Jahren unter tibetischen Meistern (darunter Geshe Rabten) studierte und meditierte. Etwas später verbrachte sie drei weitere Jahre bei Lehrern der Mahayana- und der Theravada-Tradition, unter ihnen S. N. Goenka. Sie durchlief eine tiefe und vielseitige Praxis, machte aber auch schwierige Erfahrungen als Frau in patriarchalisch bestimmten Traditionen. Nach ihrer Rückkehr 1977 nach England führte sie – vorerst mit Christopher Titmuss – Meditationskurse durch. Im Laufe der Jahre – nun als Mutter von zwei Kindern – setzte sie sich verstärkt mit den Beschränkungen und Möglichkeiten des Zugangs zu Lehre und Praxis auseinander. In der Folge führte sie auch Meditationskurse für Familien durch. Vor allem aber nahm sie sich – auch in Form von Retreats – der spezifischen spirituellen Anliegen der Frauen an. Christina engagiert sich seither für die Anerkennung und Gleichberechtigung der Frau auch in der Spiritualität und trägt in ihrer Arbeit diesen besonderen Anliegen Rechnung.

Sie ist Mitbegründerin des Meditationszentrums Gaia House in Devon (England) und ›Guiding Teacher‹ an der Insight Meditation Society in Massachusetts, USA. Seit einem Jahrzehnt lehrt sie auch Studenten in Ausbildung zu Achtsamkeitslehrenden in postgraduate Kursen an den Universitäten Exeter und Oxford sowie Nijmegen (NL). Sie ist Autorin von etwa zwölf Büchern: ›Die wache Frau‹ (Walter), ›Geschichten des Herzens‹ zusammen mit Jack Kornfield (Arbor), ›Meditation – die Sprache der Stille‹ (Roseburger), ›Quest of the Warrior Woman‹ (Harper), ›Principles of Meditation‹ (Thorsons), ›Compassion, Listening to the Cries of the World‹ (Rodmell) und andere.

FvA: *Christina, wie bist du dazu gekommen, Kurse speziell für Frauen durchzuführen?*
CF: Ich begann damit in den Achtzigerjahren. Es war ein Prozess, der sich von zwei Seiten her als organische Fortentwicklung aus vielen gemischten Seminaren ergab. Am Ende dieser Kurse sprachen eine Anzahl Teilnehmerinnen über frauenspezifische Bedürfnisse, die nicht berührt worden waren. Aus diesen Kreisen wurde gewünscht, dass ich Frauen-Retreats durchführen möge. Meinerseits merkte ich, dass die westliche soziale und kulturelle Konditionierung der Frau, zusammen mit der östlich-religiösen Konditionierung, vielen Frauen das Gefühl gab, sie seien spirituell minderwertig. Anders gesagt: die Art, wie der geistige Weg oft dargestellt wird, schien für die meisten Frauen persönlich nicht anwendbar.

FvA: *Kannst du Beispiele von Bereichen nennen, wo dies der Fall ist?*
CF: Zum Beispiel die Beziehung zwischen Spiritualität und Körper, der Bereich von Emotion und Gefühl, die Frage von Macht und Autorität, der Selbstrespekt, die Verbundenheit mit der Welt, statt ihr zu entsagen.

FvA: *Würdest du zunächst auf die Beziehung von traditioneller Spiritualität zum Körper eingehen?*
CF: Die meisten Religionen, der Buddhismus eingeschlossen, lassen den Körper in eher armseligem Licht erscheinen. Sie ermutigen Kontemplationen, welche die Loslösung von der Körperlichkeit fördern und den Körper – einschließlich der Sexualität – negativ als Quelle der Anhaftung betrachten. Der Körper wird als widerlich und verachtungswürdig beschrieben, als etwas, das zu überwinden ist. Für Frauen ist eine solche Optik alles andere als hilfreich, weil sie oft ohnehin schon einen tiefen Mangel an Respekt für ihren eigenen Körper empfinden. Sie sind geprägt von einer frauenspezifischen Konditionierung: ihr Körper wird kulturell und sozial als wichtig dargestellt, und, je nach seiner Erscheinungsform, als Schlüssel zu Erfolg oder Misserfolg. Die meisten Frauen glauben, den Ansprüchen nicht zu genügen, so dass sie dazu neigen, ein sehr negatives Bild ihres Körpers zu haben. Es würde wohl sehr schwierig sein, jemanden zu finden, der sagt: »Ich habe zwar einen schrecklichen Körper, aber ich betrachte

mich trotzdem als wundervolle Person.« Denn das Selbstbild der meisten Menschen ist eng verbunden mit dem Verhältnis zu ihrem Körper.

FvA: *Das Selbstbild der meisten Menschen oder der meisten Frauen?*
CF: Wohl das der meisten Menschen, doch das der Frauen ganz besonders, weil ihr Äußeres dauernd betrachtet und beurteilt wird. Ihr Erfolg als Mensch wird in der Gesellschaft oft davon abhängig gemacht, dass sie die richtige Beziehung haben, den richtigen Partner finden und ihren Körper richtig präsentieren. Auf die körperliche Präsentation wird bei der Frau viel mehr Gewicht gelegt als beim Mann. Dennoch glauben interessanterweise auch sehr schöne Frauen, den Anforderungen nie ganz gewachsen zu sein.

FvA: *Kannst du das näher erklären?*
CF: Weil es gar nie möglich ist, den Anforderungen zu genügen. Frauen können in unserer Kultur kaum die Augen öffnen, ohne ins Gesicht der idealen Frau zu blicken und deren Körper zu sehen, wie er in jedem Magazin, jedem Film und den meisten anderen Medien präsentiert wird. Auch ein Großteil der Werbung zeigt das Bild der idealen Frau. Und sie wird dargestellt als etwas, wonach die Frauen streben sollten. Sie ist eine Tyrannin im Leben der meisten Frauen, eine absolute Tyrannin. Natürlich wenden die Frauen viel Energie auf, um diesem Bild gerecht zu werden. Kommen sie aber dann zur Religion, hören sie, dass ihr Körper hier mitnichten der Weg zum Erfolg, sondern im Gegenteil der Weg zum absoluten Versagen sei. So sehen sie sich oft widersprüchlichen Botschaften ausgesetzt. Einerseits rufen ihnen Kultur und Gesellschaft zu: «Ja, werde so!«; auf der spirituellen Ebene jedoch wird ihnen empfohlen: »Werde etwas anderes!« In Wirklichkeit können wir aber unsere sozialen und kulturellen Botschaften nicht so rasch hinter uns lassen. Wir bringen sie mit.

Gleichzeitig bekommen wir in der Religion zu hören, dass der Körper, und speziell der Körper der Frau, die Ursache von vielen Problemen, wie Begehren, sexuellem Verlangen und von vielem Leiden sei. Dafür wird meist als einzige Lösung empfohlen, den Körper zu überwinden – ein anderer Weg wird nicht gezeigt. Dies führt unweigerlich zu inneren Konflikten, weil die Frau in Bezug auf den Körper bereits eine so verdrehte Botschaft hat, dass sie oft zu dem Schluss kommt: »Oh ja, ich habe mit dem Körper so unendliche Probleme gehabt, am besten wird es sein, ihn zu transzendieren«. Nun ist es aber so, dass die meisten Menschen eine tiefe Konditionierung nicht so leicht überwinden. Deshalb muss dieser Weg als sehr unrealistisch betrachtet werden, denn Überwinden ist nicht möglich ohne Akzeptieren. Wir können die Dinge nicht loslassen, ehe wir sie nicht akzeptiert haben. Für mich hat Tiefe in der Meditation sehr viel mit Annehmen zu tun – nicht mit passivem Annehmen, sondern mit klarem und bewusstem Erkennen, wie wir wirklich sind.

FvA: *Was ist in diesem Zusammenhang deine Botschaft?*
CF: Ich betone, dass unser Körper ein Ausdruck von Lebenskraft auf diesem Planeten ist und dass es unrealistisch wäre, ganzheitliche, respekt- und würdevolle Beziehungen zu irgendeiner anderen Manifestation des Lebens in der Welt herstellen zu wollen, wenn wir diese Beziehungen nicht einmal zu uns selbst haben können. So beruhen für mich die grundlegenden Ebenen der Spiritualität, wie zum Beispiel die Ethik, auf einer inneren Beziehung: wieviel Annehmen, liebevolle Zuwendung und Aufrichtigkeit wir gegenüber uns selbst aufbringen, so viel werden wir auch nach außen geben können. Deshalb ist für mich der Rat, sich vom Körper wegzubewegen, grundlegend schädlich. Ich meine, dass es für das innere Wachstum der meisten Menschen, insbesondere aber der Frauen, notwendig ist zu lernen, wie man in seinem Körper als einem Ausdruck des Lebens leben soll; und zwar in einer Beziehung der Würde und des Respekts, statt in einer solchen der Ablehnung. Schließlich ist auch Ablehnung eine Form des Anhaftens.

FvA: *Du hast auch die Bedeutung der Emotionen und Gefühle für die Spiritualität der Frau hervorgehoben. Würdest du diesen Punkt näher erläutern?*
CF: Spiritualität wird oft als ein ödes inneres Leben aufgefasst, bei dem man sich von den Emotionen löst. Und dies wiederum wird häufig als höchst tugendhaft dargestellt, weil die Emotion als etwas verstanden wird, das irra-

tional, unvernünftig und unberechenbar ist. So ergibt sich im Grunde als einzige Möglichkeit, sich darüber hinwegzusetzen. Und genau dies wird den Frauen in der Meditation oft empfohlen: wenn sich ihre Praxis vertiefe, würden sie über ihre Gefühle hinwegkommen. Ich betone dagegen eher, dass es nicht erstrebenswert ist, sich über die Gefühle hinwegzusetzen.

In manchen buddhistischen Systemen wird viel gesagt über liebevolle Zuwendung, Mitgefühl und Mitfreude; oft ist es aber nur ein Lippenbekenntnis zum Herzen, dem Ort der Gefühle. Ich meine, dass wir zur Klarheit kommen müssen, nicht durch Überwindung unserer Gefühle, sondern indem wir ihrer eindeutig gewahr werden, so dass wir geschickt damit umgehen und sie vollständig erfahren können. Deshalb verwende ich keine Ausdrücke wie ›überwinden‹. Viel eher lege ich das Gewicht auf ein Gefühl für inneres Zusammenspiel.

FvA: *Vorhin sagtest du, dass viele Frauen die Art und Weise, auf welche der geistige Weg oft dargestellt wird, als persönlich nicht anwendbar empfinden. Wie meinst du das?*

CF: Die soziale und kulturelle Prägung vieler Frauen rüstet sie nicht wirklich für den spirituellen Weg aus in der Art, wie er ihnen präsentiert wird. Wenn beispielsweise davon gesprochen wird, man solle zum ›spirituellen Krieger‹ werden, man solle Hindernisse ›durchbrechen‹, sie ›überwinden‹, so scheint das eine Durchschlagskraft zu verlangen, die einfach nicht zur Konditionierung mancher Frauen gehört. Sie sind in ihrem Leben daran gewöhnt worden, zu warten, geduldig und anspruchslos zu sein und eher passive Rollen zu spielen. Aber sie kommen zur Spiritualität genau deshalb, weil sie sehen, dass ihnen diese Art der Konditionierung nicht weiterhilft. Oft wird ihnen die Lehre auf eine Art präsentiert, die keinen Bezug zu ihren problematischen inneren Erfahrungen ermöglicht, also beispielsweise zu den Emotionen, zum Körper, zur Bedeutung des Selbstrespekts, zum Sinn der Weltzuwendung im Gegensatz zur Weltflucht. Wenn diese Belange nicht so angesprochen werden, dass die Frauen einen Bezug dazu schaffen können, entsteht oft Frustration und das Gefühl, einen Weg zu gehen, der nicht der eigene ist; einen Weg, auf dem sie sich spirituell nicht unbedingt zu Hause fühlen.

Obschon dieser Weg einige Bedeutung für sie hat, vermag er oft nicht ausreichend jene Bereiche anzusprechen, die ihnen fortwährend Schwierigkeiten verursachen. Da diese Schwierigkeiten aber weiterhin auftreten und somit offenbar von Bedeutung sind, ohne aber, dass jemand genügend darauf einginge, entsteht Enttäuschung. Die Situation scheint ausweglos, und die Frauen verfügen nicht immer über die Mittel, sich nach innen zu wenden und dort die Antworten zu finden. Auch außerhalb ihrer selbst finden sie keine Lösungsmodelle für ihre Probleme. Passivität, Frustration, das Gefühl, einen Weg zu gehen, der nicht der ihre ist – all das sind meiner Meinung nach Gründe, weshalb sich Frauen in der Spiritualität deplatziert fühlen können. So werden wichtige Grundideen der Spiritualität, wie Erleuchtung und Befreiung, von vielen Frauen als Ergebnisse eines fremden Weges und deshalb als ihnen unzugänglich empfunden. Trotzdem begeben manche sich auf den Pfad, weil er einige wertvolle Veränderungen bringt; aber das Engagement bleibt dabei oft lau.

Das alles sah ich recht häufig, und so begann ich, so manche Struktur, wie sie die traditionelle Lehre als gegeben betrachtet, in Frage zu stellen. Ich interessierte mich nicht mehr nur dafür, was spirituelles Erwachen heißt, sondern insbesondere dafür, was dies für die Frau bedeutet. Und ich fragte mich, ob es nicht mehr bringe, wenn Menschen ihr Erwachen auf der Grundlage ihrer eigenen Geschichte erfahren würden, statt anhand der Geschichten anderer. Der Weg des Erwachens liegt doch in den eigenen Erfahrungen und Möglichkeiten. Dies macht es notwendig, die Lehre tiefer mit den persönlichen Erfahrungen zu verbinden, in diesem Fall mit den Erfahrungen der Frauen.

FvA: *Wäre es nicht genug gewesen, dies zu verstehen und in Rahmen der üblichen Kurse auf diese spezifischen Probleme einzugehen? Weshalb sondern sich die Frauen von den Männern für spezielle Retreats ab?*

CF: Frauen-Retreats ermöglichen thematische Konzentration, und dies wiederum erlaubt es den Frauen, vermehrt auf die aktuelle Umsetzung der Lehre in ihrem Leben einzugehen. In einem wichtigen Punkt unterscheidet sich ein Frauen-Retreat von einem gemischten Kurs: die Praxis findet in einer ganz anderen Atmosphäre statt. Es gibt da einen Grundton des Vertrauens, des Annehmens und der gegenseitigen Unterstützung, der von sämtlichen Teilnehmerinnen wahrgenommen wird. Er scheint dadurch zu entstehen, dass Frau und Dharma im Mittelpunkt stehen. Es ist ein tiefes Vertrauen in die gegenseitige Integrität vorhanden, so dass niemand sich je unsicher fühlt. Es ist ein Geist des Einander-Annehmens, so wie man ist. Da gibt es keine Notwendigkeit, sich in innere Spiele des Urteilens zu verwickeln; es ist kein Problem, was die anderen von mir denken oder wie ich mich präsentiere, oder ob ich den richtigen Eindruck mache. Manche der Spielchen, die in gemischten Kursen stattfinden, scheinen hier einfach nicht abzulaufen. Die Atmosphäre des Vertrauens begünstigt wiederum Tiefe und Erkenntnis.

Dies erstaunt nicht, wenn man die Umstände betrachtet, unter denen bei den meisten Menschen die Einsicht tiefer wird und am schnellsten wächst. In jeder Beziehung, ob Eltern-Kind oder Partner, stets sind inneres Wachstum und Erforschen in einer Atmosphäre tiefen Vertrauens am fruchtbarsten. Denn man braucht sich nicht zu verteidigen oder anzugreifen. So bildet die Atmosphäre, die unter Frauen entsteht, einen wichtigen Faktor für ihre Fähigkeit und ihren Mut, ihr Inneres gründlich auszukundschaften.

FvA: *Könnte dies ihnen auch erlauben, ihre Beziehung zu Macht und Autorität neu zu bewerten?*

CF: Ja. Ich spreche auch viel über Macht, seitdem ich in den Kursen gesehen habe, dass viele Frauen sich ohnmächtig fühlen. Sie sind Opfer ihrer Konditionierung, die ihnen sagt, dass Veränderung oder die Ursache von Veränderung außerhalb ihrer selbst liegt. Wenn sie dann gegen etwas Schwieriges oder Schmerzhaftes antreten müssen, neigen sie häufig dazu, sich gleich geschlagen zu geben. Dies wiederum bestärkt die verbreitete Meinung, Frauen seien überemotional und handlungsschwach – eine Meinung, die sie möglicherweise selbst auch teilen. Diese stammt aus dem Gefühl, grundlegend ohnmächtig zu sein; unfähig, Wandel herbeizuführen. Denn die Konditionierung sagt ihnen, dass die Ursache jeder Transformation außerhalb ihrer selbst liegt; dass sie entweder durch andere

Menschen zustande kommt oder dadurch, dass sie besondere Rollen in ihrem Leben erfüllen, beispielsweise die der guten Mutter oder der guten Partnerin. Oder darüber hinaus bedürfe es einer Abstützung auf Autoritäten und Machtstrukturen, um ihrem Leben Richtung und Führung zu geben. Manche Frauen sind sich gar nicht bewusst, wie ohnmächtig sie sich fühlen. So spreche ich über die Möglichkeiten, wie Meditation zu innerer Stärke führen kann: dadurch, dass man mit den inneren Quellen in Berührung kommt, durch Achtsamkeit, Aufmerksamkeit und Feingefühl. Auch indem man lernt, die eigenen Quellen zu nutzen, anstatt vor den Schwierigkeiten klein beizugeben, deren Verschwinden abzuwarten oder beim nächsten Machtzentrum um Hilfe zu rufen.

FvA: *Wie siehst du das Problem von Verzicht und Loslösung einerseits sowie Engagement als Mutter, Partnerin, als sozial oder politisch aktive Person anderseits?*
CF: Es geht darum zu verstehen, auf welche Weise Lehrbegriffe wie ›Loslösung‹ bei falschem Verständnis unsere Integrität und Ganzheit untergraben können. So wird Loslösung gewöhnlich mit dem Rückzug aus der Welt gleichgesetzt. Viele Menschen haben die Vorstellung, dass ein wahrhaft spirituelles Dasein notgedrungen oder ausschließlich ein Leben getrennt von sozialer oder politischer Betätigung, von Beziehungen und von Elternschaft bedeute. Doch viele Frauen neigen intuitiv zu Zuwendung und Verbundenheit, und sie möchten sozial und politisch schädliche Strukturen gerne verändern. Es mag dann so scheinen, als würden sich diese Neigungen mit einem der Lehre gemäßen Leben der Loslösung und des Verzichts nicht vertragen. Selten hört man eine Darstellung des geistigen Weges, welche die Bedeutung vollkommener Anteilnahme betont: Verantwortung zu übernehmen für unsere Situation in der Welt und nicht nur zur inneren, sondern auch zur äußeren Veränderung beizutragen. Das Fehlen dieses Aspekts ist für manche Frauen schwierig, namentlich für solche, die dem Feminismus nahestehen und viel Energie darauf verwendet haben, Veränderung zu bewirken; Veränderung, die für ihre Vorstellung von Würde und Wohlbefinden wichtig ist.

Es ist auch schwierig für jene Frauen, die sich durch die Ausbeutung der Natur betroffen fühlen oder die sich zur Mutterschaft hingezogen fühlen und dabei hören, dass dies mit einem Leben der Loslösung nicht wirklich vereinbar sei. Solcherlei Aussagen fassen sie als Wahrheiten auf, weil sie von besonderen Autoritäten stammen, anstatt sich zu fragen, ob diese Autorität nicht auch durch ihre eigene Konditionierung beeinflusst und dadurch veranlasst sein könnte, den Weg auf diese Weise zu präsentieren? Deshalb betone ich sehr, dass Überwinden, Transzendieren und Durchbruch nicht die einzigen Wege sind, um Verstehen und Freiheit zu erlangen.

FvA: *Welche Aspekte oder Qualitäten betonst du denn besonders?*
CF: Ich hebe hervor, dass es einen Übungsweg gibt, der auf einem Geist des inneren Zusammenwirkens beruht. Wie oft üben Frauen Meditation in einem Geist des inneren Kampfes, indem sie versuchen, ihren Körper, ihre Gefühle oder Herzensneigungen loszuwerden, um einen höheren Zustand zu erringen. Ich betone im Gegenteil, dass Praxis in einem Geist der Kooperation stattfinden kann, in welchem es keinen inneren Kampf und keine Notwendigkeit zur Überwindung gibt. Vielmehr kann gelernt werden, alles in uns willkommen zu heißen und eine offene, achtsame Beziehung dazu zu haben, gleich ob es sich um Gefühle, Emotionen, um unseren Körper oder um Verhaltensmuster handelt. Diese Art der Beziehung kann, viel eher als der Kampf mit sich selbst, zu tiefem Verstehen führen.

FvA: *Würdest du daraus eine Schlussfolgerung ziehen?*
CF: Nein, einen Schluss gibt es nicht. Etwas vom Bewegendsten ist es zu erleben, wie sehr die Frauen erwacht sind und in der Spiritualität hervortreten. Dabei gibt es noch unendlich viel zu entdecken, und zwar im Sinne des Zugangs, des Verstehens, des inneren Bezugs und neuer Möglichkeiten der Spiritualität. Ich habe nicht das Gefühl, dass die Frauen versuchen, eine Schlussfolgerung zu ziehen oder ihre Spiritualität zu definieren. Es ist eher so, dass sie in ihr stärker hervortreten. In welcher Richtung sich dies fortentwickeln wird, ist nicht vorauszusagen. Doch eines ist sicher: es wird eine tiefe Wirkung auf die Art und Weise ausüben, wie der geistige Weg im Westen präsentiert und geübt wird. Auch wird es eine bestimmende Wirkung auf

die aktuellen Formen und Strukturen der Spiritualität im Westen haben. Wenn Frauen zu diesem Zweck zusammenkommen, würde ich nicht von einer ›Frauen-Spiritualität‹ sprechen. Aber ich fühle, dass es eine tiefere Art der Verbundenheit gibt, oder ein gemeinsames Suchen nach einer Praxis, die frei ist von Glaubenssystemen und frei von kultureller Konditionierung. Eine Suche nach einem Weg, der frei ist von Zwiespalt, frei von künstlichen oder verordneten Werten und Einteilungen. Eine Spiritualität, die Inneres und Äußeres, Weltliches und Geistiges umfasst, die sich in jedem Bereich des individuellen Lebens als lebendig erweist. Das ist es, was Frauen zu den Retreats zusammenführt.

Meditation und soziale Verantwortung

Gespräch mit Christopher Titmuss (CT)

Christopher Titmuss, geboren 1944, wuchs in Südengland auf, wo er sich zunächst als Journalist betätigte. Nach drei Jahren in Asien und Australien ließ er sich 1970 in Thailand als buddhistischer Mönch ordinieren. Er widmete sich unter der Führung von Ajahn Buddhadassa und Ajahn Dhammadharo während Jahren der Meditation in Klöstern und in der Einsamkeit. Auf Einladung begann er 1975 in Indien, Kurse zu leiten. Seine unkonventionelle, gelegentlich radikale Art des Lehrens löste Begeisterung, aber auch Kontroversen aus. Nachdem er das Mönchsgewand abgelegt hatte, kehrte er 1977 nach England zurück und begann, zusammen mit Christina Feldman, weltweit Kurse durchzuführen. Er ist Mitbegründer des 1984 entstandenen Meditationszentrums Gaia House, der buddhistischen Wohngemeinschaft Sharpham und der landwirtschaftlichen Retreat-Gemeinschaft ›The Barn‹ in Devon (England).

Christophers Sicht der spirituellen Arbeit zielt, unter Weglassung von Tradition und religiösen Formen, direkt auf die Essenz: Erkenntnis der letztlichen Wirklichkeit, Freiheit im Hier und Jetzt und das daraus erwachende Interesse am Wohlergehen unseres Planeten und all seines Lebens. Darum liegen ihm soziale Verantwortung, Friedensbewegung, Umwelt und grüne Politik besonders am Herzen. Er ist Autor von ›An Awakened Life‹ (Random House), ›Erleuchtung ist anders als du denkst‹ (Waldhaus), ›Angst verlieren – Freiheit finden‹ (Tushita) ›The Green Buddha‹ und anderen Büchern.

FvA: *Dharma, Meditation, soziale Arbeit, Politik und Friedensbewegung sind unsere Themen. Meine erste Frage: Haben Dharma, Buddhismus einerseits und Politik anderseits etwas miteinander zu tun?*

CT: Zunächst sollten wir wohl die Begriffe klären. Dharma meint die spirituellen Lehren, die sich auf die menschliche Existenz beziehen; dies mit einem Schwergewicht auf den ethischen Grundsätzen, tiefer Meditation, Verstehen der psychologischen Prozesse, Lebensführung mit Weisheit, Mitgefühl und befreiendem Gewahrsein. Buddhismus umfasst all das und darüber hinaus noch verschiedene Rituale, Zeremonien, Formen und Überlieferungen; diese können die Dharma-Lehren unterstützen, sie manchmal jedoch auch überwuchern. Politische Aktion bedeutet aktives Engagement in der Welt mit dem Ziel, die bestehenden Bedingungen zu verändern. Die Dharma-Lehren haben einen sehr direkten Bezug auf unser Handeln in der Welt. Wenn wir in der Welt Frieden wollen, müssen wir Frieden in uns finden. Wenn wir in der Welt Gerechtigkeit sehen wollen, haben wir ein aufrichtiges Leben zu führen. Möchten wir in der Welt bewusste Einfachheit antreffen, müssen wir mit bewusster Einfachheit leben. Wollen wir Gleichberechtigung in der Welt, so haben wir mit denen, die um uns sind, in einem Geist der Gleichberechtigung zu leben.

FvA: *Wenn wir den Buddhismus in einer eher traditionellen Weise verstehen, gibt es dann darin eine Grundlage für soziale Aktion? Welches wäre diese Grundlage? Die Geschichte des Buddhismus scheint wenige Beispiele von politischer oder sozialer Betätigung zu kennen.*

CT: Ich denke, dass wir diese Frage unter dem Gesichtspunkt der geschichtlichen Epochen angehen sollten. Nehmen wir zum Beispiel Gautama Buddha. Seine Lehren haben spirituellen, sozialen und politischen Charakter. Er setzte sich für spirituellen und sozialen Wandel ein. Er kritisierte das Kastensystem und erteilte Führern, Herrschern und Machthabern Ratschläge, was eindeutig eine politische Tätigkeit darstellt. Er hob die Verantwortlichkeiten der Menschen in ihren verschiedenen gesellschaftlichen Rollen hervor. Seine dauernde Ermunterung für verwirklichte Männer und Frauen war, zum Wohl und zum Nutzen aller zu lehren. Buddha liebte die lebenden Wesen und die Umwelt und lehrte Gewaltlosigkeit. Das alles gibt einen Rahmen ab für politisches Handeln.

Ein anderes Beispiel ist König Ashoka, der Buddhist wurde und die indische Gesellschaft dadurch veränderte, dass er Gleichberechtigung und

Recht sicherstellte. Er ließ Tierspitäler bauen und entlang den Straßen Alleen pflanzen, die den Menschen Schatten spendeten. Er bemühte sich um die Bildung der Menschen zum Wohl der Gesellschaft.

Einer meiner Lehrer, Ajahn Buddhadassa in Thailand, sagte mir: »Wenn die Leute im Namen des Buddhismus nur Kerzen anzünden und Zeremonien abhalten, wächst der Aberglaube.« Und davon hat es im Buddhismus sehr viel gegeben. In buddhistischen Ländern wie Sri Lanka, Burma, Thailand und Südkorea steht es mit den Menschenrechten und sozialer Gerechtigkeit nicht sehr gut. Dabei bekennen sich alle zum Buddhismus. Jedoch greifen heute mehr und mehr Buddhisten auf die Quellen, Einsichten und Werkzeuge des Dharma zurück, um sozialen Wandel herbeizuführen.

Beispiele aus der Gegenwart: A. T. Ariyaratne, der Gründer der Sarvodaya-Bewegung in Sri Lanka, und Sulak Sivaraksa, der verschiedene Bewegungen für sozialen Wandel in Thailand leitet. Beide sind in ihrem Wirkungsraum wichtige Stimmen des Gewissens und Handelns. Eine buddhistische Friedensbewegung, die Buddhist Peace Fellowship, setzt Dharma-Einsichten in einem politischen Rahmen um. Alle diese Stimmen üben auf Regierungen Druck aus, besonders auf buddhistische Regierungen, damit die Menschenrechte höher geachtet werden.

FvA: *Betrachten wir wiederum die traditionelle buddhistische Meditation und Übungspraxis, so herrscht hier doch die Vorstellung vor: geübt und praktiziert wird für sich selbst und allein. Den Perioden des Sich-Zurückziehens wird viel Bedeutung eingeräumt. In welcher Hinsicht kann dies für die soziale Verantwortung und das Handeln in der Welt nützlich sein?*

CT: Einige von uns haben sich zu langen Retreat-Perioden zurückgezogen. Sowohl Klöster wie westliche Retreat-Zentren bieten – soweit ich dies beobachten konnte – grundsätzlich dieselben Bedingungen. Man beschäftigt sich hier mit dem Problem des Leidens und mit der Befreiung davon. Was uns unter anderem davor bewahrt, uns auf Kosten der Welt nur noch mit uns selbst zu beschäftigen, sind Mahnungen in Form von Meditationen über den Zustand der Welt: Meditationen der liebevollen Zuwendung, des Mitgefühls, die Verantwortung der Lehrenden, über Lebensführung in der Welt zu sprechen. Dies alles sind Unterweisungen über eine engagierte Spiritualität. Der Geist muss davon abgehalten werden, sich nur noch mit sich selbst zu beschäftigen.

FvA: *So wäre also diese verantwortungsbereite Hinwendung nach außen etwas, was wir in Lehre und Retreat-Praxis einbringen müssten?*
CT: Dies ist wohl eine Frage der Wahl der geeigneten Mittel, der ›Upaya‹. Es gibt keine absolute Garantie dafür, dass Arbeit an sich selbst zum Dienst an anderen auf diesem Planeten führt. Was mich betrifft, so bin ich von der Notwendigkeit einer engagierten Spiritualität völlig überzeugt. Wenn die Lehrenden unterlassen, genügend Mahnungen in dieser Richtung zu geben, wird die Spiritualität zu übertriebener Selbstbezogenheit und Klösterlichkeit neigen. In der Mahayana-Tradition des Buddhismus gab es eine enorme Erweiterung der befreienden Erkenntnis aufgrund der Entdeckung, dass die Dharma-Lehren allzu individualistisch aufgefasst wurden. Das führte zu einer Blüte der Literatur, brachte unzählige spirituelle Verwirklichungen hervor und vertiefte weithin Einsicht in das Wesen des Mitgefühls. In der heutigen Zeit säen wir nun die Saat der Dharma-Lehren im Westen. Wir sind damit beschäftigt, sie auf eine ganzheitliche Art einzubringen. Wir stehen am Anfang einer Renaissance der Dharma-Lehren.

FvA: *Ist Arbeit an uns selbst im Dharma nun eigentlich genug, oder reicht das nicht aus? Sollen wir auch Hilfe leisten? Aber: Hilft die Hilfe überhaupt? Oder sollten wir einfach uns selbst verändern, und geschieht dann das übrige von selbst?*
CT: Als Menschen ist uns beides aufgetragen: mit uns selbst und zusammen mit den anderen zu leben, und das sogar, wenn wir in einem Kloster oder Zentrum leben würden. In dieser Beziehung bedeutet mit sich selbst zu leben und mit anderen zu leben gleich viel. Hier sollte nicht dem einen oder anderen mehr Bedeutung zugeschrieben werden.

FvA: *Könnte möglicherweise der Westen, die christliche Tradition, einen wichtigen Beitrag im Blick auf die soziale Verantwortung leisten?*

CT: Ich bin sehr interessiert am Dialog zwischen Christen und Buddhisten, Juden und Buddhisten, Moslems und Buddhisten, Hindus und Buddhisten, Sikhs und Buddhisten. Dialog ist sehr wichtig, um die Vorstellung der Unterschiedlichkeit zu vermindern. Im Christentum gibt es einen starken Glauben an einen persönlichen Gott, der uns bedingungslos liebt. Im Buddhismus gibt es keinen solchen Gott, die Gottesidee wirkt dort verwirrend und befremdlich. Wie lässt sich dieser Unterschied überbrücken? Ich denke, dass der Unterschied nicht von Bedeutung ist. Wenn jemand einen persönlichen Gott verehren und am Glauben an ihn festhalten will, oder wenn jemand an Nirvana oder Buddhaschaft glauben will, so ist das ausgezeichnet. Beide können über ihre persönliche Erfahrung Rechenschaft ablegen.

Wichtig ist meiner Ansicht nach das, ›was sich in der Welt offenbart‹. Trägt der Glaube dazu bei, mit Weisheit und Mitgefühl zu leben? Tut er dies nicht, dann vergiss ihn! Wie Jesus sagte: »An ihren Früchten sollt ihr sie erkennen.« Wenn der Glaube an einen persönlichen Gott dich zum Missionar macht, ist es hoffnungslos. Wenn der Glaube an oder die Erfahrung von Nirvana einen zum engstirnigen Dogmatiker macht, der meint, die wirkliche Wahrheit zu kennen, dann wäre es besser, Gott nicht gefunden und Nirvana nicht geschmeckt zu haben.

FvA: *Wo in der Außenwelt sollen die inneren Erfahrungen, die man verwirklicht hat, umgesetzt werden? Wo sollte man sich betätigen? Hat man sozial aktiv, politisch tätig oder ein Friedensaktivist zu sein? Oder kann man sich auch als Bäcker oder Installateur betätigen, weil die Welt nun einmal Bäcker und Installateure braucht?*

CT: Wir kennen Menschen, die wir lieben. Es können unsere Kinder, unsere Eltern, nahe Freunde, Verwandte oder spirituell Gleichdenkende sein. Sie alle bilden das enge persönliche Beziehungsnetz. Ich möchte nicht behaupten, dass sich soziale Aktion notwendigerweise hier abspielen muss. Sie scheint eher dort zu beginnen, wo wir mit uns unbekannten Menschen umzugehen haben. Der Bäcker und der Installateur können in sozialer Aktion tätig sein. Entscheidend ist die Haltung und Motivation des Geistes. Bestehen die Beweggründe nur im Geldverdienen, so ist das nicht soziale

Aktion, sondern fortgesetztes Eigeninteresse. Wenn jedoch die Motivation darin besteht, auf redliche Weise den Menschen einen Dienst zu erweisen, so würde ich dies als eine Form der sozialen Aktion betrachten. Und es gibt eine beträchtliche Anzahl von Menschen, die in dieser Haltung tatsächlich wirken; indem sie anderen helfen, tun sie etwas Wertvolles.

FvA: *Das bedeutet also nicht immer, in der Öffentlichkeit aufzutreten und Demonstrationen zu organisieren.*
CT: Es gibt Leute, die sich mehr zur Beschäftigung mit den Problemen von weltweiter Bedeutung hingezogen fühlen. Es muss Menschen geben, die sich mit solchen Fragen aktiv und auf kluge Weise auseinandersetzen. Doch soziale Verantwortlichkeit muss zu Hause beginnen. Jedesmal, wenn wir auf etwas, das wir tun möchten, verzichten, um statt dessen etwas für jemand anderen zu tun, den oder die wir nicht sehr gut oder kaum kennen: dies würde ich soziale Aktion nennen. In diesem Moment bringen wir unser Menschsein zugunsten des Menschseins von jemand anderem zum Ausdruck. Ich meine, dass die Lehre des Dharma aufs Engste damit verknüpft ist.

FvA: *Dann ließe sich sagen, dass die Politik jemandes spezifischer Weg sein könnte, diese Mitmenschlichkeit auszudrücken.*
CT: Stimmt. Seit ich mich mit grüner Politik beschäftige, verstehe ich, weshalb viele Leute mit Politik nichts zu tun haben wollen! Politische Parteien sind viel eher voll von Egostreben und Machtspielen, als dass sie von der Macht einen geschickten und von Liebe getragenen Gebrauch machen. Konkurrenzbesessenheit, Arroganz und Ehrgeiz sind generell eine Ausdrucksweise von Leuten, die nie mit sich selbst gearbeitet haben und aus ideologischen Gründen politisieren.

Junge Leute zwischen 18 und 30 wenden sich oft der Politik zu; sie sind ehrgeizig und arbeiten hart. Ihre Motivation ist eine Mischung aus Karrierestreben und dem Willen, etwas für die Gesellschaft zu tun. Leute, die in die Politik gehen, müssen sehr achtsam und sehr wachsam sein. Sie müssen wirklich wissen, was es bedeutet, an sich selbst gearbeitet zu haben. Sie müssen erforscht haben, was das Entscheidende in der Politik ist und was für die Menschen grundlegend wichtig ist. Es gibt zuwenig Stimmen, denen die essentiellen Dinge wie die Menschenrechte, soziale Gerechtigkeit, Umweltschutz und Sorge um die Kreatur ein tiefes Anliegen sind. Diese Dinge müssen noch und noch betont werden, sozusagen kompromisslos. Und das ist sehr, sehr schwierig und sehr herausfordernd.

FvA: *Angenommen, jemand verfügt über dieses Training und hat an sich selbst gearbeitet. Welches ist nun die richtige Haltung gegenüber politischen Gegnern?*

CT: Wenn man diese Probleme nicht mit sich selbst durchgearbeitet hat, pflegen bestimmte Verhaltensweisen vorzuherrschen. Der Geist wird die Fehler im anderen System sehen. Links wird Rechts angreifen. Rechts greift Links oder die politische Mitte an. Dies muss zu Groll, Zorn, Feindschaft, Verurteilungssucht führen, denn »wir wissen, was recht, und wir wissen, was gut ist«. So muss konventionelle Politik stets einen Gegner haben, während man selbst glaubt, das zu tun, was gut ist. Sogar in einem extremen, ruchlosen Regime der Linken, der Rechten oder des Zentrums glaubt man dies. Man selbst liegt richtig, gleich wie extrem oder gewaltsam dies auch sein mag.

Hier ist jedoch eine neue Sichtweise notwendig. Dabei geht es nicht darum, jemandem die Schuld zuzuweisen. Vielmehr muss erkannt werden, dass wir die herrschenden Zustände nur dann verändern können, wenn wir die ihnen zugrunde liegenden Bedingungen verändern.

Wir alle haben deshalb Verantwortung zu übernehmen. Wir alle haben das Verdienst und die Schuld für den Zustand der Welt uns selbst zuzuschreiben. Diese Sichtweise ist wichtig. Politiker tadeln häufig andere – um zu verhindern, selbst Verantwortung übernehmen zu müssen. Ich meine, dass die Unfähigkeit, für den Zustand der Welt Verantwortung zu übernehmen, von Unreife zeugt. Politisches Leben ist beladen mit Unreife; Männer und Frauen, die unreif sind, weil sie keine Verantwortung übernehmen können. Wenn die politische Situation nach ihren Wünschen verläuft, verbuchen sie das auf ihr Konto. Wenn sie nicht so verläuft, wird immer jemand anderem die Schuld zugeschoben – der anderen Partei, der Europäischen Union, dem Welthandel, den Kommunisten, den Konzernen, den Gewerkschaften, dem Militär, der Bürokratie. Sie liegen falsch, unsere Haltung ist richtig und wird Erfolg bringen.

FvA: *Welche Folgen hat nun diese Sichtweise für dich als Politiker? Du kannst dich ja nicht einfach deiner eigenen Fehler bezichtigen, weil ja auch du viele Leute davon überzeugen musst, dass du sie vertrittst. Die meisten Menschen finden es nicht sehr attraktiv, zu jenen zu gehören, die sagen: O.K., es ist alles unsere Verantwortung, doch es ist alles auch unser Fehler.*

CT: Als ich vor einigen Jahren im Wahlkampf stand, sagte ich genau das an den Haustüren, in den Versammlungshallen, im Lokalradio und vereinzelt im Fernsehen. Ich sagte, dass wir Verantwortung zu übernehmen haben, dass alles unser Fehler ist, niemand kann behaupten, er habe damit nichts zu tun. Auch gab ich viel darauf, die anderen Kandidaten nicht anzugreifen. In einer politischen Debatte sprach ich über abhängiges Entstehen. Man braucht eine klare sozio-politische Analyse der Fehler und Mängel sowie der geeigneten Mittel und Wege zur Veränderung der Lage. Dharma-Verständnis bezieht sich auf Leiden, dessen Ursachen und dessen Beendigung; derselbe Zusammenhang kann auf politische Achtsamkeit angewendet werden. Das ist der Ort, wo sich Herz, Dharma und politische Analyse treffen.

FvA: *Würdest du die Aussage bejahen, dass man sich politisch engagieren, bei der Wahrheit bleiben und etwas bewirken kann?*

CT: Diese Frage würde ich nicht nur bejahen, sondern sogar noch hinzufügen: Diese Dinge sind voneinander gar nicht trennbar. Wenn Dharma eine bewusste Lebensführung einschließt, die jeden Bereich unseres Lebens einbezieht, dann müssen wir frei sein von Verbrauchermentalität und nach so klaren Grundsätzen leben wie möglich. Wir müssen die Lebensdauer der Gegenstände ausnützen, die Ressourcen sorgsam nutzen, Energie sparen, Sorge tragen zum Klima und zur Umwelt und sie respektieren, die Kreatur schützen. Ich betrachte dies als einen politischen Grundsatz. Darin ist zugleich die Kritik an einer Gesellschaft enthalten, in der das oberste Gut nicht Befreiung und Mitgefühl ist, sondern immer mehr zu produzieren und immer mehr zu konsumieren. Dazu unzweideutig ›nein‹ zu sagen, bedeutet, dass Dharma und Kapitalismus einander ausschließen, wenn Kapitalismus die Verfolgung des Eigeninteresses im Rahmen von Gesetz und Ordnung an oberste Stelle setzt. Manche unserer Freunde setzen sich für die Friedensbewegung ein, für soziale Gerechtigkeit, Änderung des Umweltverhaltens. Ich bin zu der Überzeugung gelangt, dass Politik und Dharma nicht getrennt werden können.

FvA: *Wenn man in der Politik Dharma-Prinzipien anwendet, landet man dadurch sozusagen automatisch bei einem politischen Flügel?*
CT: Nicht unbedingt. Aber man muss immer wieder darauf achthaben, mehr auf das eigene Herz als auf die Ideologie zu hören. Was gilt es vor allem zu tun? Das Dharma sagt uns, dass wir eine transzendente Sicht der Dinge einbringen müssen. Wenn die wichtigste Sache darin zu bestehen scheint, mein Land zu schützen, indem ich ein anderes Land zerstöre, so ist das vom Gesichtspunkt des Dharma, von einer transzendenten Sicht aus bedenklich. Die Linke, die Rechte und die Mitte der politischen Macht würden einer solchen Art Verteidigung wohl zustimmen. Ich könnte es nicht. Wenn man einer Partei der Linken, der Mitte oder der Rechten angehört, glaubt man sich verpflichtet, deren Ideologien zu adoptieren. In diesem Fall ist es besser, außerhalb der Parteien zu stehen.

Man muss dabei bleiben, die eigene Integrität, einen kritischen und in Frage stellenden Geist zu wahren. Wenn die Zugehörigkeit zur Rechten bedeutet, die Zusammenarbeit im Kleingewerbe zu unterstützen, die Leute zu ermutigen, sich selbst zu entwickeln und Eigeninitiative zu zeigen, dann ist das ausgezeichnet. Doch wenn es dazu führt, einen rücksichtslosen Kapitalismus und wachsende Monopole zu stärken, und wenn es zugleich mehr und mehr Menschen sich als hilflose Opfer fühlen lässt, dann ist es besser, Kritik zu üben. Wenn die Zugehörigkeit zur Linken ein Beitrag ist in Richtung soziale Gleichheit, Umverteilung des Reichtums, bessere Chancen für die Armen durch ein kostenfreies Bildungs- und Gesundheitswesen, dann ist das ausgezeichnet. Wenn es in der Politik der Linken nur darum geht, Vollbeschäftigung zu sichern, gleich ob die Arbeit seelenzerstörend wirkt oder zu Angst vor Kritik an der Regierung führt – dann ist es besser, aus der Politik der Linken draußen zu bleiben. Was sollen wir zu unserem Anliegen machen? Was heißt Mitfühlen? Was nährt die Menschen und den Planeten? Wenn die bestehende Politik dazu nichts beiträgt, dann ist Kritik am Platz.

FvA: *Ist es notwendig, intensive Meditationspraxis geübt und Kurse absolviert zu haben, um Dharma-Grundsätze mit Erfolg in der Politik anzuwenden? Muss man wirklich einige Zeit seines Lebens damit verbracht haben, nach innen zu schauen?*

CT: Wenn ich höre ›man muss‹, entsteht der Gedanke ›man muss nicht‹. Eine Feststellung des Buddha ist für mich hier wegleitend. Er zählt Möglichkeiten für die innere Veränderung auf: eine davon ist Meditation, ernsthafte meditative Arbeit; eine andere ist Reflexion. Was mich betrifft, in meinem alltäglichen Leben, so benütze ich die Reflexion mehr als die Meditation. Ich stelle oft Überlegungen an über das, was geschickt und angemessen ist. Auch das Hören der Lehre ist ein wirksamer und das Innere verändernder Weg, ebenso die Gemeinschaft mit Gleichgesinnten. Dies alles hat für mich eine hohe Priorität, ja, es ist noch wichtiger als die Meditation. Heilung, Gesundheit und Wohlbefinden ergeben sich auch durch die Gemeinsamkeit mit Menschen, die zusammen sind und miteinander teilen, ebenso wie durch andere Mittel. Das ist der für die Menschen zugänglichste Weg: miteinander verbunden sein.

Wir sollten auf alle Quellen zurückgreifen, so auch auf Kurse. Dabei handelt es sich nicht um eine Einladung, sich aus dem Leben zurückzuziehen, sondern sie sind eher eine Art Kloster auf Zeit. Dabei ist keine Rede von ›man muss‹. Vielmehr sollten wir alle den Raum schaffen, um auf uns selbst zu hören. Auch ist es notwendig, manch wertvolle westliche Erkenntnisse einzubeziehen. So hatte ich ein Gespräch mit Sulak Sivaraksa in Thailand, der buddhistische Einsichten bei der Analyse sozialer Verhältnisse anwendet. Wir sprachen über die Verbrauchergesellschaft, wie sie sich, aus dem Westen kommend, überall ausbreitet. Ich sagte zu ihm: »Wir können die Fehler in der westlichen Gesellschaft erkennen. Also hat sie nicht auch Nützliches anzubieten?« Er antwortete, dass der Westen soziales Verständnis, große Organisationserfahrung sowie Mittel und Wege für die Realisierung offerieren könne. Über diese Ressourcen verfügen wir, und wir sind in der Lage, sie nutzvoll anzuwenden. Innere Einsichten und Erkenntnisse sind in den letzten 40 Jahren in den Westen gekommen und haben zu einem spirituellen Aufbruch geführt. Darin kommt eine einzigartige Verbindung zum Ausdruck zwischen östlichen Kulturen und anderen, die über Jahrhunderte intakt geblieben sind, weil die Menschen sorgsam und achtsam lebten sowie zueinander und zur Umwelt Sorge trugen. Daraus können wir lernen, und der Osten kann auch vom Westen lernen. Diese Verbindung von Ost und West kann zur Beendigung des Leidens auf der Erde beitragen in dem Sinne, dass die Menschen zu verstehen beginnen, was es bedeutet, das Leben zu feiern.

Über die Autoren – Kursinformation

Fred von Allmen wurde 1943 in Bern geboren. Er war als freischaffender Fotograf tätig, beteiligte sich an Ausstellungen und gewann Preise für angewandte Kunst. Nach ausgedehnten Reisen in Europa und Afrika begegnete er 1970 in Indien dem tibetischen Lama Geshe Rabten, der für ihn zum Hauptlehrer wurde und dem er später an dessen neue Wirkungsorte Rikon und Mont-Pèlerin in der Schweiz folgte. Dort widmete er sich ausgedehnten Studien der buddhistischen Psychologie und Philosophie sowie der überlieferten Lehrtexte. Fred von Allmen erhielt Initiationen und Belehrungen von Lamas aller vier tibetischen Traditionen. Seine wichtigsten Lehrer der ersten fünfzehn Jahre waren Ehrw. Geshe Rabten, S. H. Dalai Lama, Ehrw. Geshe Jampa Lodrö und andere Gelugpa-Meister. In späteren Jahren lernte er von Meistern der Dzogchen-Tradition wie S. H. Dilgo Khyentse Rinpoche, Nyoshul Khen Rinpoche und – bis heute von Tsoknyi Rinpoche und anderen.

In die insgesamt sieben Jahre in Asien fielen auch zahlreiche Vipassana-Retreats bei Sri S. N. Goenka, Anagarika Munindra und anderen Lehrern der Theravada-Tradition in Indien, Sri Lanka und Burma. Ab 1981 verbrachte Fred von Allmen über drei Jahre im Retreat am Zentrum der Insight Meditation Society in Barre MA, (USA) bei Lehrenden der Theravada-Tradition wie Joseph Goldstein, Jack Kornfield, Sharon Salzberg, Christina Feldman, Christopher Titmuss und anderen. Insgesamt verbrachte er etwa sieben Jahre im Retreat. Viele seiner persönlichen Retreats verbrachte er in Einsiedeleien.

Ende 1984 begann er, nach entsprechendem Training, mit seiner eigenen Lehrtätigkeit. In seinen Kursen lehrt er die Erkenntnis-Meditation mit einer Mahayana-Motivation. Bis zur Jahrtausendwende leitete er Vipassana-Retreats und Dharma-Workshops in Europa, Asien und den USA. Heute ist er vor allem in der Schweiz und in Deutschland tätig. Er ist Mitbegründer und Co-Leiter des Meditationszentrums Beatenberg in den Berner Alpen. Es ist ihm ein Anliegen, die Lehre auch zu Bereichen wie Alltag, Studium und soziale Verantwortung in Beziehung zu setzen. Fred ist verheiratet und lebt in der Schweiz.

Er ist Autor von ›Mit Buddhas Augen sehen, Buddhistische Meditation und Praxis‹ und ›Buddhas tausend Gesichter, Legenden und Lehren Erleuchteter‹ (beide Steinrich), ›Buddhismus: Lehren-Praxis-Meditation‹ (Theseus) und, zusammen mit Lama Tilmann Lhündrup und Ursula Flückiger, Co-Autor von ›Mahamudra und Vipassana, Gewahr Sein, Retreat-Unterweisungen‹ (Norbu).

Urs Haller hat an der textlichen Ausgestaltung dieses Buches mitgearbeitet und die Interviews ins Deutsche übertragen. Er war Journalist und Fachmann für Kommunikation in einer öffentlichen Unternehmung in Bern. Er wirkte bei der Dhamma Gruppe Schweiz – der Vorläuferorganisation des Meditationszentrums Beatenberg – mit, welche während Jahren Vipassana-Meditationskurse organisierte.

Information über Meditationskurse mit Fred von Allmen:

www.fredvonallmen.ch

Meditationszentrum Beatenberg
Waldegg
CH-3803 Beatenberg
Schweiz
www.karuna.ch / info@karuna.ch